AF449449

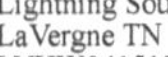

9 786030 180769

رجال مُنتَقِبون..

نساء سَافِرات

حليمة مُظفَّر

2015م

الأبعاد الرباعية للطباعة والنشر والتوزيع المحدودة
Quad Dimensions Printing & Publishing
المملكة العربية السعودية ـ جدة
الرقم الموحد: 920004119 966+
info@sibawayhbooks.com

(ح) حليمة عبدالقادر مظفر، 1436هـ
فهرسة مكتبة الملك فهد الوطنية أثناء النشر
مظفر، حليمة عبدالقادر
رجال منقبون .. نساء سافرات ـ جدة.
ردمك: 9-8076-01-603-978
المقالات العربية ـ السعودية
ديوي 081   1436/4643

الغلاف من تصميم سيبويه

حليمة مُظفَّر

رجال منقَّبون..

نساء سافِرات

إهداء

إلى الحبّ الذي يملؤني

ويسكن الوجود..

أول معلم للإنسان كانت روح الطبيعة وما تمتعت به من كرامة.. حُرية.. عدالة.. هكذا استلهم فطرتها.. وهكذا حكى لنا الفيلسوف ابن الطفيل قصة حي بن يقظان!

"عرفتك ونحن لسة صغار.."

عرفتك وإحنا لسة صغار ولسة في ذمة الأقدار
وفي الحارة مع الجيران.. كبرنا وأنت برضو كمان
ولمن أمي ترسلني لأمك أجري وأستنى
وأنت تفرحي بية.. عيونك هايمة في عنية "
إلى آخر كلمات هذه الأغنية الشـــفافة جدا التي تَغنَّى بها
صوت الأرض طلال مداح ـــ رحمه الله ـــ من أعماقه؛
وكيف لا !؟ وهي كمـا أخبرني مرة ابنـه "عبد الله" حين
أعددتُ مقالا عن والده"أمير الموال وأبو المسـاكين"كان قد
غناها في ذكريات حبه لأمه، زوجته الأولى أم عبد الله؛
التي تزوجها وهي في الثالثة عشـــرة وكان في التاســـعة
عشرة؛ وأنجبا سبعة أبناء.

ومن يسـمع هذه الأغنية بلحنها العفوي حتما ســتُعيده إلى
ذكريات حب الطفولـة، وحلاوة أيـامها وعفويتها وحتى
علقاتها "السخنة"؛ واللعب في الحارة "عروسـة وعريس"؛
و"واحد طش" و"الشـــقحة" أي النطة، وهي لعبة "بناتية"
بامتياز، ولطالما منعتني والدتي مذها خوفا أن تتنكسـر
رجلي؛ وحين تكتشف أني العبها مع بنات الجيران أحصل
على تهديد بـ"علقة"، لكنها أبدا لم تضربني ـ حفظها الله ـ

ولا يعني أني لم أحصــل على علقة "سُـخنة" من والدي؛ الذي لم يكن يضربني أبدا ويستوعب أخطاء شقاوتي، ربما لأني "آخر العنقود" ويكتفي في توبيخي بنظرة صــارمة أو بحكاية يحكيها لي يعلمني منها حكمة، أو عدم محادثتي لفترة حتى أصالحه.

ودعوني أعود للعلقة "السُـخنة" اليتيمة في حياتي؛ ولماذا يتيمة ؟! لأني كنتُ "طفلة" هادئة جدا؛ تتركني أمي في مكان لتجدني فيه ولو بعد ساعات؛ ولكن كما يقولون"يا ما تحت السواهي دواهي" يعني آخر أنواع الشقاوة أقترفه في مكـاني؛ وأعترف لكم أني أخرجت والـدي "الحكيم" من أعصــابه ونلتُ منه علقة "سـخنة" وأنا في السـابعة كما أذكر؛ فقد كنّا نسكن في شقـة بالدور الثالث؛ ولأن والدتي تمنعني من اللعب في الحـارة، حظيتُ بحـارتي في "البلكونة"؛ إلى أن جاء يوم شـاهدتُ فيه ابن الجيران بذات العمارة يصــعـد إلى مكيف يعلو بلكونتهم بقليل وشـقـتهم بالدور الأول، أحببت "الفكرة" وقلتُ لنفسي سيكون المنظر أجمل من الدور الثالث بالجلوس على "مكيفنا".
المهم، تخيلوا بدأت بالتخطيط لتطبيق الفكرة، أحضـرت كرسيا وصعدت عليه فلم أصل؛ لأني قصيرة القامة!! فماذا فعلت؟! اسـتعنت بدرابزين البلكونة الحديدي، والمشــهد أمامكم من الدور الثالث، وربنا سـتـر لم تنزلق قدمي منه، وإلا قالوا "انتحار طفلة" ، المهم "اتشـعبطتُ" واستطعت

أخيرا الجلوس على المكيف! وبيني وبينكم كـل مـا أمرّ على بيتنا القديم حتى الآن أسال نفسي كيف فعلت ذلك؟!.

لقد كان المنظر جميلا جدا خاصـــة والناس يمرون في الشـــارع من بين قدمي بالأسـف؛ مع إحسـاس ممتع أني معلقـة في الهواء والأجمل أن أسـرتي افتقدوا وجودي؛ فبحثوا عني في كـل مكـان بـالبيـت ولم يعثروا علي، وأسـمعهم ينـادونني، أنـا "مبسـوووطـة" ألعب معهم "الاسـتغماية" خاصــة حين يفتحون "البلكونة"مرات ولا يرونني، ولم يخطر في بـالهم أني فوق المكيف؛ إلى أن جـاء والدي ودخل البلكونـة في فورة قلقه؛ ورأى قدميّ تلعبان في الهواء بظل جلوسي على المكيف؛ وبس "عينكم ما تشوف إلا النور" وربنا ستر.

أكيـد لـديكم ذكريـات أجمـل مع الطفولـة؛ ومع صــوت الأرض وما أجمل أيام زمان.

القلبُ وطن.. والعقلُ عاصمة..

إن كنّ النساء فواكه..
فالرجالِ "خُضروات"..!

بعض النساء يضايقهن وصف"النساء فواكه" ولا أنكر أنني ضمن اللاتي تتضايق حين تسمع هذه جملة"الذكورية"بامتياز؛ إننا غالبا ما نسمعها من بعضهم، خاصة هؤلاء المعددين أو من لديهم ميول كي يعددوا في زوجاتهم ممن يتبجحون بقول إنهم يملون النوع الواحد من النساء!!لهذا أقول لهؤلاء إن كنّ النساء فواكه؛ فالرجال خضروات ، ولتكن هذه جملة "أنثوية" بامتياز أيضا !

خذوا مثلا "الرجل الكوسا" أحيانا تجد المرأة نفسها أمام "مقلب" كادت لها الحياة بجعله من نصيبها؛ كونه فقيرا بـ"السكريات" و"دمه ثقيل" لأنه يخلو من "السعرات الحرارية" وممتلئ بالماء" لكنها مع الزمن تكتشف أنه أكثر فائدة من غيره، وأحسن الموجود، فهو كريم معها رغم فقره لكونه "غنيا بالمعادن" ويسهل التأثير عليه، فإن أرادت "قليه وحيدا" فعلت؛ وإن أرادت حشوه فعلت ! وإن أرادت طبخه مع غيره من الخضروات فعلت!

هناك أيضا "الرجل القرنبيط " رغم أنه ثمرة مزهرة "غير وسيمة" يرفضه كثير من النساء؛ إلا أنه حنون وعطوف وهادئ الطبع، يهتم بـ"صحة القلب" ويحمي من "السكتة

الدماغية" متوازن يحافظ على معدلات الكلسترول في الدم، وكم تحتاج المرأة الحامل لـ"رجل القرنبيط" لأنه يحافظ عليها ويساعدها ويشعر بها !!

أيضا عليكم أن تتعرَّفوا على "الرجل الجزرة" وهذا مُعتدٌّ بنفسه، ويشعر بزهو وغرور بسبب قوته وحِدَّته البصرية؛ ولهذا يُصِرُّ أن يجعل المرأة عالة على الآخرين، فهو يريد أن يكون عينها وبصرها حيث لا ترى إلا ما يراه، رغم أنه لا يملك أقداماً! غروره ينسيه أنه حين يشيخ ويفقد أناقته يتحول لـ"جزرة عجوز" ويصبح عالة في طبق "السلطة / الحياة" ليتم "بَشُره حتت صغننة"هذا إن لم يتمَّ التخلص منه وخلعه!! هناك أيضا "رجل الفلفل الحار" عنيد وعصبي، متقلب ومُستفِزّ؛ لا يرضيه شيء؛ ظنا أنه بهذا الأخلاق يظهر مدى تميزه كشطة حارة أقصد كرجل! والمرأة التي تتورط به، رغم أنه مُفيد لعملية الهضم الاجتماعي كزوج، إلا أنه يعمل على "تخسيس" وزنها، لعدم توقفه عن "حرقها" ولا يتوانى عن أن يصيبها بالقولون العصبي !!

نأتي إلى "الرجل الفحل" أقصد "فحل البصل" يا لطيف فجأة تجد قرونه "نابتة"؛ وهو النوع المكروه عند النساء لأنه لا يرتاح إلا بجعلهنَّ يَبكِينَ، كونه معتدا بـ"فحولته" وقاسيا لأنه غني بالحديد، لهذا يستغل فحولته في إيذاء مشاعر المرأة ، فهو يعرف أنها لا تستطيع الاستغناء عنه أبدا، ولذلك لا يتوقف عن ممارسة "فحولته" بالتّسلّط عليها! ولكن كما يوجد "رجل فحل بصل" هناك "رجل البطاطس" حبيب النساء والأطفال، متوفر بكثرة في السوق لأنه سهل الزراعة

والتدجين؛ فبالرغم من أنه "أصلع" لكنه سهل التقشير والتقطيع؛ تراه مقليا ومشويا ومسلوقا ، ومرة يمكن أن يكون في صينية مع خضار أخرى، ولا يمل أبداً من أن يكون سواقا وزوجا وأبا وموظفا وولي أمرٍ لكل امرأة في أسرته؛ فـ"السوق/ المجتمع عاوز كدة"؛ إلا أنه و مع الأسف الإكثار منه يسبب السمنة والهشاشة لدى النساء!!

أخيرا لا تقولوا : "رجل الخِيار" أو "البندورة" الطيبة! لأنهما من أسرة الفاكهة.

أحيانا كثيرة يقوم "الموت" بدور الخياط.. يتفحص الحياة جيدا ثم يحيك منها نسيجا صوفيا يدفئ الأرض ببعض أجسادنا

"هِيباشيا"

هيباشيا أو "هيباتيا".. هل تعرفون من هي!؟
إنها من المصـريين القدماء، وإحدى أهم الفلاسـفة؛ ولدت في الاسـكندرية (370م)؛ وقد تعرَّفتُ على هذه الفيلسـوفة بالصـدفة، حين شـاهدت منذ سـنوات فيلما أمريكيا بعنوان"أجورا" وهو فيلم يسـتحق المشـاهدة بالفعل، دفعني للبحث عن بطلته التي كان يسـرد سـيرتها كفيلسـوفة مصرية وعالمة امتلكت الجمال الأسطوري، والعقل والعلم بالفلك والرياضـيات، ورفضـت حتى الزواج رغم إعجاب الكثيرين بجمالها ورزانتها وأخلاقها في زمنها، وذلك كي تتفرغ للفلسـفة والعلم؛ فقد كانت متأثرة جدا بالمدرسـة الأفلاطونية المثالية، ولا شك أن لوالدها "ثيون " وهو عالم رياضـيات وفيلسـوف أثرا في دفعها حتى باتت أصغر محاضـرة، والمرأة الوحيدة في مكتبة الإسـكندرية بذلك الزمن، ولها حلقات علمية وتلاميذ من الشـباب، بل كانت آخر شـعاع العلم والفلسـفة لهذه المكتبـة التي دمرها المسيحيون المتطرفون في الزمن الروماني، طاعة لكاهنهم الذي كان في صراع مع العلم والفلسفة إبَّان نشر المسيحيا على اعتبارها من بقايا الوثنيين اليونان.
لقـد أحرق المسـيحيون المتطرفون آنـذاك الكتـب والمخطوطـات، ودمروا المكتبـة، وحولوا ركـامهـا إلى

حظيرة حيوانات؛ في الوقت الذي قتلوا فيه (هيباشيا) عام (415 م)؛ وهي تمشي عائدة إلى بيتها؛ بعد أن عزز الكاهن المسيحي في عقلية المتطرفين أنها ساحرة وكافرة لكونها بقيت على ديانة اليونان القدماء أو بالأحرى علومهم، فاعترضوا طريقها وجرّوها إلى الكنيسة ثم قتلوها طعنا ورجما، ومثلوا بجسدها بشكل بشع؛ كي يُنفِّروا الناس من العلم والفلسفة، حيث كانت رمزا لها بدعوتها للتفكير الحر والفلسفة والعلم.

بصراحة قبل معرفتي بها، كنتُ أتساءل: أمن المعقول ألا يكون في التاريخ البشري فيلسوفه !؟ على الرغم من أنّ كلمة "فلسفة" كلمة أنثوية ؟! إلا أنّ "التاريخ" ككلمة ذكورية، لم يهتم إلا بتوثيق اشتغال رجاله، والتاريخ نفسه كتبه الرجل منذ القدم، فقد سبق المرأة إلى فعل الكتابة؛ وحتى في الزمن الحديث؛ فبين يدي كتاب بعنوان"الموسوعة الفلسفية" مترجم في أكثر من(600) صفحة، لم يهمل ذكر فيلسوف رجل كبرت أو قلت أهميته، قديما أو معاصرا، لكنه لم يقدم اسما لامرأة واحدة فيما تصفحتُه على أنها فيلسوفةٌ !!

إنه التاريخ "الذكوري" الذي لا يهتم بترديد أو كتابة اسم لفيلسوفة كما ردد مرارا وتكرارا أسماء فلاسفة كفيثاغورس وسقراط وأفلاطون وأرسطو وبارمنيدس وهرقليدس واريستارخوس وغيرهم من الفلاسفة القدماء، فمن كتبوا تاريخ تلك الحقب من أهله لم يروا في المرأة سوى مجرد "خُــــبــــز" يستمتع الرجل بتناوله ويعينه على

الحيــاة؛ وهو أمر طبيعي نتيجة تـأثير التراث اليهودي الديني المُحرّف، الذي كان له أثر كبير على المجتمعات الإنسـانية وما يزال، فاليهود مارسـوا التمييز ضـد المرأة باعتبارها مخلوقا للمتعة فقط، وحرّفوا صـورتها في الدين لدرجة أنهم أوصلوها إلى أنها مخلوق نجس حتى حرموها من الصلاة بدار العبادة.

المحزن أنــه لا فرق بين من كتبوا تـاريخ ذلـك الزمن بموقفهم تجاه المرأة وبين من يكتبون تاريخنا اليوم؛ رغم التطور العلمي والتقني، فعـدة كتـب تصـفحتها لمثقفين سعوديين يؤرخون ويسردون عن هذا المجتمع وكأنه ذكور فقط، وأخيرا حتما إن الفيلسـوفة (هيباشـيا أو هيباتيا) لم تكن الأولى ولن تكون الأخيرة، ولكن هذا هو التاريخ الذي لا يدون سوى رجاله !.

الحياء رأس الأخلاق..

أيُّها الرجال.. استحيوا !!

لماذا ارتبط الحياء كثيرا في ثقافتنا بالمرأة دون الرجل!؟ يحاول المجتمع أن يجرد الرجال منها لاعتبارها عيبا فيهم؛ من منطق التشبه بالنساء !! وإن كانت هذه القيمة تُمارسها المنابر الدينية والمدارس على مستوى نظري.، فإنها لا تنزل بها منزلة التطبيق المؤثر؛ فمنذ صغرنا وحتى والآن؛ نسمع بـ"الحياء شعبة من شعب الإيمان" وقد يستمع أب وطفله في خطبة الجمعة لذلك فيوصيه بها، وما إن يخرجوا إلى الشارع إلا ويلومه إذا ما شعر بالاستحياء في الرد على مزحة جار كبير استنقصته؛ فيقول" ليه ما رديت عليه هو أنت بنت تستحي !؟" وينسى أنّ الحياء يفرض الاحترام للكبير، ودفع السيئة بالحسنة! ويدفعه للجرأة التي لا تستحي من الآخرين مهما كان ليكون رجلا قويا!! فلا نستغرب بعدها أن يسب وهو شاب رجلا مسنا في الشارع اعترض سيارته بالخطأ ! كمجرد مثال.

أتساءل: لماذا انتهى الحياء في عقول الكثيرين وتصرفاتهم الضيقة حتى إن أكثرهم بات لا يشعر به مطلقا ؟! تجدهم يُطالبون المرأة أن تستحي لدرجةِ إلغاء صوتها في المطالبة بحقوقها، وإلا فهي لا تستحي إذ ما أعلنت عمّا أُبيح لها !؟ هؤلاء سريعا ينسون سورة "المجادلة" التي يقرؤونها في القرآن الكريم؛ وينسون المرأة التي قالت للفاروق "أخطأت"

!! هؤلاء ينسون أن على الرجال أن يستحوا ويشعروا بالحياء الذي يمنعهم من التحرش بالنساء ومعاكستهن، كما يُطالبون المرأة أن تستحي في ملبسها ومشيتها وحجابها ! هؤلاء يتناسون أن على الرجال أن يستحوا حين يغتصبون حقوق مطلقات في حضانة أطفالهن، أو حين يضربون النساء ، أو يعضلوهن، أو يغتصبوا أموالهن أو حقوقهن من علاج وتعليم وعمل! أو حين يجعلون من فقيرات معلقات لأنهن لا يملكن مهرا يرجعنه!! هؤلاء يتناسون أن على الرجال أن يستحوا إذا ما اغتصبوا حقوق غيرهم من المستضعفين كما يُطالبون المرأة أن تستحي إذا ما طالبت بحقوقها أمام الأقوياء!! تناقض عجيب فعلا!

ببساطة؛ إنّ الموقف الذي تشمئز منه أنك حين ترى امرأة غاضبة في مكان عام تتلفظ ببذاءة وينقص ذلك من أنوثتها هو الموقف نفسه الذي يجبرك الحياء أن تتخذه حين تسمع رجلا يفعل فعلها، وينقص ذلك من رجولته ! إنه الحياء الذي يجعل ما تمارسه مع أسرتك فتربط لسانك بالبيت، وفلا يسمع أطفالك كلمات نابية منك؛ هو نفسه الذي يجبرك وأنت في الشارع ألا تؤذي آذان النساء والأطفال إذا ما هممت بشتم سائق اعترضك!! إنه الحياء الذي تُمارسه بين زملائك وأصدقائك هو ما يفترض كذلك وأنت تكتب خلف اسم مستعار في مواقع التواصل الاجتماعية؛ إنه الحياء الذي يجعلك تستحي أن تسمع في عرضك ما يخدشه؛ فيُجبرك على احترام أعراض الآخرين وتستحي قذفهم بـ"عاهرة" ! كاتبا كنتَ أو واعظا أو مغردا أو أي شيء، فمن لا يستحي

من الخلق؛ فهو حتما لا يستحي من الخالق؛ وكما أن الحياء للمرأة دليل نضج أنوثتها، فهو دليل تمام الرجولة للرجل..

فاستحيوا أيها الرجال !

كثيرا ما نحتاج أن نكون مثل القطار لا ينتظر أحدا أبدا..
أبدا

الحَياة مغامرة أو لا شيء !

"لا يجب أن نزحف عندما نشعر بشيء يدفعنا للطيران" مقولة مُلهمة للكاتبة الأمريكية هيلين كيلر، والتي لا أملُّ من تأملها؛ منذ وقعت عيني عليها، وكتبتها في ورقة صفراء، ألصقتها على مكتبة بيتي، إنها تشعرني بالتفاؤل والحماس رغم الظروف التي أحيانا تجبرك أن تتوقف لا أن تزحف فقط، وكيف لا !! ولا تتوقف عن تأمل حياة قائلتها :"هيلين كلير".

لقد ولدت هذه الكاتبة مثلها مثل بقية الأطفال عام(1880م) ؛ سليمة الحواس، لكن الرضيعة مرضت في الشهر التاسع عشر بالحمى؛ ولم تزل عنها إلا بإزالة سمعها وبصرها؛ فغدت صماء عمياء؛ إنه أمر بمنتهى الصعوبة، أن تعيش في صمت وظلام دائمين، ولا تعرف طريقة تتواصل بها مع الناس! وكما هو المعتاد لقد كبرت الطفلة، وكبر إحباطها معها لعجزها وإحساسها بالعزلة؛ خاصة وأنها كانت في زمن ما تزال تقنية التعليم والتواصل لذوي الاحتياجات الخاصة بدائية، ناهيك عن الاعتراف بهم، وكان من الممكن أن يؤدي بها ذلك لأن تكون امرأة وحيدة وتعيسة.

ولم يقف والدها مكتوف اليدين، بل استشار طبيبا، واختار لها الطبيب معلمة :"آن سولفن" وبعد صبرٍ وطول بال؛ ومحاولات لتُعلِّم طفلة عاجزة طريقة ناجحة لتتواصل مع

23

عالمها الخارجي؛ وصلت إلى استغلال حاسة اللمس، فكانت أول تجربة أن وضعت يدها تحت صنبور الماء، فشعرت به (هيلين) وحينها وضعت (آن) يدها بيد الطفلة تعلمها إشارة معبرة عن الماء، وشيئا فشيئا تكونت الإشارات المرتبطة بالكلمات، وتوسع هذا القاموس لدى (هيلين)، وكبر التحدي لتتعلم، وقد قررت أن تكون أو لا تكون؛ شعرت أنها تريد التكلم، فحلَّقت ولم تزحف رغم ظروفٍ تُجبرها على التوقف؛ فتعلمت الكلام رغم صممها وعماها، مستغلة حاسة اللمس والإشارات التي نسجت منها كلمات وحروفا ناطقة، ورغم الاستحالة تكلمت (هيلين) وغدت الفتاة المعجزة.

لقد أيقنت أنها تريد الطيران لا الزحف رغم الإعاقتين، وقررت دراسة الجامعة، فذهبت إلى "رد كليف" وحين سُئلت لماذا هذه الجامعة !؟ أجابت: "لأنها رفضتني"؛ تحديا لهم كونهم رفضوها أول ما تقدمت لهم للدراسة، فحين قبلوها توقعوا توقفها وعدم استمرارها؛ لكنها استمرت واختارت دراسة الآداب واللغات، هل تتخيلون ذلك!؟ إنها الإرادة وليست الظروف ولا الإمكانات، وتخرجت منها عام (1904م) وقد درست الفرنسية والألمانية واللاتينية واليونانية وأجادتها، فقط لتُخبر مجتمعها المريض آن ذاك برفض المعاقين بضرورة المساواة بالأسوياء؛ وأن ما يحتاجونه كذوي احتياجات خاصة هو تحسين فرصهم، وأن الإعاقة لا يمكن أن تكون سببا لعزلهم.

لقد عاشت خرساء فترة من حياتها وتحولت إلى مُحاضرة تجيد فن الخطابة ولها جمهورها؛ ثم باتت أهم كاتبة ومؤلفة أمريكية؛ وقد زارت (39) دولة، وهي صاحبة أول زيارة رسمية لـ"هيروشيما" في اليابان بعد التفجير النووي الذي أصبته بها أمريكا جراء الحرب؛ وحضر خلال محاضرتها مليونا ياباني كي يسمعوا منها؛ ليس هذا فقط، بل هي أول امرأة تحصل على مرتبة الشرف في الدكتوراه من جامعة (هارفرد) أعرق الجامعات العالمية، وباتت من أبرز المدافعين عن العدالة الاجتماعية في أمريكا بجانب المعاقين والحريات السياسية وحقوق المرأة والعمال، وأصبحت سفيرة للمنظمة الأمريكية للعميان، ونتيجة دفاعها المستميت عنهم راسلت شيوخ الكونجرس والرئيس الأمريكي، وبفضلها تم اختراع الكتب الناطقة لتفتح نافذة تواصل لمن فقدوا بصرهم.

وليس أخيرا، ألا تستحق قصة حياتها التأمل ؟! حيث لا يوجد شيء اسمه مستحيل؛ فـ" الحياة إما أن تكون مغامرة أو لا شيء" كما تقول (هيلين).

الحياة دون الأحذية مستحيلة..
ففي زمننا باتت الأحذية تهبُ الإنسان قيمة تبدو من
الماركة التي تظهر على حذائه !!

على لسان حذاء..

"أخ.. يا راسي.. بشويش وأنت ترميني كدة..ألا يكفي أني تحملتك اليوم بكامله تلف وتدور على أرض تحمل أوساخكم!!" ويكمل "ما ذنبي إن كان مدير مدرستك ملأ جدولك انتقاما منك لأنك لم تُدلل ولده بدرجات زيادة "! وانزوى "حذاء" يُكلم نفسه في ظلمة الزاوية متعبا متسخا، لينضم إلى صديقه "شبشب شرقي" ورفيقتهما الجديدة "كعب" التي ضحكت بغنج حين اصطدم بالحائط بعد خلعه بعصبية؛ فرمقها بنصف عين قائلا"اليوم تضحكين، وغدا ستبكين..لا تعرفين ما ينتظرك"؛ ابتسم "شبشب" فهمت قصده؛ لتقول له بعناد"(اكسكوزي موا) ولماذا سأبكي!!.. أنا ماركة فرنسية غالية جدا.. "شانيل" ولستُ صناعة وطنية مثلك، ولن أجد إلا الدلال" ثم غمزت تُكمل كلامها: "ألا يكفي أني أكتم أسرار لياليها في كل مرة ترتديني فيها"! قهقه "شبشب" يقول:" يا حظي الطايح، أنتم الأجانب تنعمون بالخير كله.. وأنا عمري ضايع بين طريق البيت والمسجد أو البقالة وفي عزّ الحر" وهمس لها: "أين أخذتك ليلة الأمس معها..أكيد استمتعت بالأجساد المتمايلة وهي تتراقص هنا وهناك!؟!"، أجابت:"رقصت بي حتى أصبت بالدوار؛ وقلت لها ارحميني، وهي أذن من طين وأذن من عجين..وكلّ همها تُري العجائز وتلك النسوة فستانها الجديد

وجسدها الميال !!"وتكمل "كعب" وهي تنظر بنصف عين لحذاء" "ما أفرحني أنّ صديقاتها كنّ يسألنها: واااااو أيش ماركة جزمتك هذه ؟! فتجيب:فرنسية بالشي الفلاني" وتعض على الحروف: "ولستُ مثل الصناعة الوطنية".

قال لها"شبشب":"أموت في الثقافة الفرنسية.. لكن أشششه.. لا تسمعك زنوبة.. وإلا ستجدين نفسك تالفة بضربة منها"، علقت عليه بقرف: "سوفاج.. غير متحضرين...!! ".

ضحك حذاء وقال:"العجيب أنكِ يا كعب تُعطينها قيمة بمجرد ارتدائها لك.. فعلا هؤلاء غريبون، حتى الأحذية يستمدون قيمتهم منها وكأنهم لا شيء!!! والتقط "شبشب" طرف الكلام؛ ليقول"تخيل يا حذاء أن احترام الناس لمن يرتديك بحسب قيمتك وسعرك، إن كنت غاليا فيا حظه؛ وإن كنت رخيصا فالله في عونه المسكين" ويضحك حذاء قائلا:"هههههه..الجميل حين تكون أنت الحذاء واسطته..هل تتذكر حكاية زميلنا"حذاء غوتشي" عن صاحبه الذي نجح في مقابلة العمل الشخصية، وتم قبوله في العمل بعد أن نظر المدير إلى حذائه ".

"طااخ " صمتوا جميعا بفزع، حين ارتطمت "زنوبة" بالجدار وسقطت بينهم فردة فريدة؛ قال لها حذاء:" سلامات.. جت سليمة.. خير.. هددوا بك من اليوم ؟!" فأجابت: "كالمعتاد.. قتلوا بي صرصورا.." قالت كعب بقرف: "سوفاج.. !!" رمقتها زنوبة بنصف عين : "مين حضرتها ؟!" فأخبرها شبشب غامزا بغزل: "رفيقتنا الجديدة الفرنسية ".

قالت وهي تلوي بوزها :"اتلم المتعوس على خايب الرجا.. الله يرحم أيامك يا غوتشي فين أراضيك اليوم" !

علق حذاء ملطفا الجو :"هي هذه النهاية؛ يُداس عليكِ وعليها؛ وتُسحق بك تلك الكائنات الضعيفة التي لا ذنب لها على الأرض، وهي تمشي بشحومها عليكِ كي تعيش عندها!!"التقط الحديث شبشب شرقي مازحا:"أهم شيء أني لست حذاء رياضيا أتمرغ بالتراب لملاحقة كرة.. فزميلنا الرياضي شاخ سريعا ورموه دون أي رحمة !" وبسخرية علق حذاء :"لا تقلق يا صديقي..من يعضون اليد التي تُطعمهم عادة ما يلعقُون الحذاء الذي يركلهم.. كما قال الكاتب الأمريكي (إيريك هوفر)..عبارة كنتُ سمعتها اليوم من صاحبي الأستاذ "!

كما يُوجد متأسلمين يوجد أيضا متلبرليين.. !

الحجاب واللحية.. !

لا شك أن هناك من يلجأ إلى "اللحية" والتمظهر بـ"التدين" للحصول على احترام الآخرين أو استشعار قيمته الاجتماعية مستغلا ثقافة توزيع الألقاب بالمجان على القشور في مجتمعنا؛ وإن كانت سلوكياته وأقواله تخالف مظهره؛ فتجد ملتحياً "عينه طويلة" لا يغض بصره عن النساء؛ أو تسمعه يشتم هذا، ويقدح بعرض ذاك، أو لا يعدل في أهل بيته، وغير ذلك، ومثل ما يصدق على "اللحية رياء" يصدق على "الحجاب"، ليكون مجرد أيقونة للحصول على الاحترام والقيمة الاجتماعية! فترى امرأة محجبة ومنقبة وتزيد ربما بالعباءة على الرأس مع القفازات والجوارب ـ ولا أعمم ذلك على جميع النساء ـ و تتصرف بما لا يليق بحجابها كمعنى ديني!! فلسانها تعود على الغيبة والنميمة والهمز واللمز، وقد تجدها في السوق تصدح بضحكة تخرج عن الذوق العام تجبرك أن تلتفت، فلا تصدق أنها خرجت ممن ترتدي عباءة على الرأس!!

وقد ترى امرأة محجبة من رأسها لأخمص قدميها تتغنج في "المشي" ومن تحت نقابها عيناها بمكياج صارخ!! ولماذا نذهب بعيدا، ليس علينا إلا مشاهدة "الكيك" و"اليوتيوب" وما فيه من مقاطع كثيرة لمنقبات يرقصن ويغنين ويتغنجن بما يخالف معنى "الحجاب" ! بل ترى بعض المنقبات

يتراقصن بشعورهن، ومثل ذلك لا تراه بهذه الكثرة يصدر ممن ينتمين للمجتمعات المنفتحة! فماذا يعني ذلك ؟! يعني أن الحجاب عندنا نتيجة العلاقة المزدوجة بين العادة والعبادة بات مجرد "ديكور" اجتماعي يُرتدى للحصول على احترام الناس، أو خوفا من تعنيف أسري أو استهجان اجتماعي، من دون وجود قناعة به، حتى أصبح "ستارة" ترتكب خلفها سلوكيات مستهجنة دون خوف أو حياء لعدم انكشاف هوية من ترتديه!

وبصراحة شديدة، إن كنتُ لا أعذر بعض "الملتحين" الذين يتمظهرون به شكلا لا قلبا، لأن المجتمع من الأساس "ذكوري" ولا يجبرهم على ارتداء قشرة الدين رياءً!! لكني أتعاطف مع النساء والفتيات ممن يعانين "الازدواجية" نتيجة خوفهن من التعنيف الأسري وثقافة مجتمع تُقيمهنّ بقدر ما يلتزمنَ به من أعراف وتقاليد! ولا أراهنّ مذنبات بل ضحايا تربية لمعايير تتناقض ما بين الفعل والمظهر؛ فرضتها نظرة المجتمع القاصرة والظنيّة بالسوء لغير المحجبات !! ولو كان تقييم المجتمع ومؤسساته خاصة التعليمية يوجه للسلوكيات بدلا من المظهر الخارجي لما شاهدنا هكذا تصرفات "فضائحية" فرضها كبت اجتماعي بظلّ عدم احتواء طاقة الفتيات وأوقات فراغهن بما يفيد! في حين ترى بوضوح على الطائرات كثيرات يتخلين عن حجابهنّ ونقابهنّ وهُنّ يخرجنّ من الحدود؛ لكنهنّ أكثر مسؤولية تجاه سلوكياتهنّ بعد أن باتت هوياتهنّ مكشوفة !

ما أود هنا الإشارة إليه هو: علينا تجاوز تقييم الأشكال إلى تقييم السلوكيات؛ فكم من مُحجبة تخدش معنى الحِجاب بتصرفات غير لائقة أخلاقيا ولا دينيا! وكم من امرأة غير محجبة تهبُ للحجاب معنى الاحتشام باحترام تصرفاتها وأخلاقها.

أن تكون حرّا لا يعني ذلك قدرتك بأن توزع الشتائم..

من "المسيح" إلى "الموناليزا" !!

كثيرون يحسبون "لينارد دافينشي" مجرد فنان إيطالي أبدع "موناليزا" فقط؛ متناسين أشياء أخرى في سيرته،يدفع إليها عادة شغف المبدع الذي قد يتجاوز المعقول إلى غير المعقول أحيانا، فـ"دافينشي" لم يكن فنانا فحسب؛ بل عالما ومهندسا ومعماريا درس الرياضيات والحركة والماء والطبيعة؛ ولا تستغربوا أن صاحب "الموناليزا " أول من وضع تصورا متقنا لاختراعات، الدّبابة الحربية، والطائرة المروحية، وبذلة الغطس، مستفيدا من خيال من سبقوه؛ دون أن يعرف أنها ستتحقق بعده بأربعمائة عام تقريبا.

وربما ما لا يعرفه كثيرون، هو كيف لفنان مرهف أبدع "موناليزا" يتخصص في التشريح!؟ ويتعامل مع الموتى؛رغبة منه في أن يكون فنانا حقيقاً! فمما يُذكر في سيرته؛ أنه أخذ يتردد على أحد المستشفيات ليلا في "ميلانو" لسنوات؛ كي يُشرح جُثث الموتى غير مهتم ببشاعة مناظرها وهو يقطعها! فقط كي يعرف تفاصيل الجسد الإنساني ومكوناته في عصر ثائر يصارع الكنيسة بالنهضة العلمية، بل وهناك لغزّ حير كثيرين؛ فمما جاء في مذكراته رسومات دقيقة لجنين في بطن ورحم أمه بشكله الطبيعي؛ ما جعل الباحثين يتساءلون :كيف عرف (دافينشي) تكوين الجنين بهذه الدقة في عصره؟! هل شرّح

امرأة ميتة وهي حامل وجنينها أو امرأة حيّة وقتل جنينها لأجل العلم والاستكشاف، ويرسم ذلك بهذه الدقة !؟

إنه من أوائل من وضع علم التشريح الفني، وأخرج كتابا فيه! ويرى كما جاء في مذكراته؛ أن الفنان لا يستطيع أن يُصور ويرسم حركة أي طرف من أطراف الجسم إلا إذا كان على علم بتشريح الأوتار والأعصاب وعضلاتها !! هل تتخيلون ذلك ؟! فعل تشمئز منه النفس، يتمثل في نبش جثث الموتى، ليصوغ منه جمالا في لوحة كـ "موناليزا" التي حيَّرت بعينيها وابتسامتها علماء العالم! أو ربما لأنه كما يقول"الطبيعة لطفت بنا؛ لأنها جعلتنا نعثر على المعرفة حيثما أدرنا وجوهنا في هذا العالم" وحتما الجثث من هذه الطبيعة! وأيا كان الأمر، فلولا "تشريح الموتى" وهو في نظر الدين عمل غير أخلاقي؛ لما تطور الطبّ ليكون العلاج عملا أخلاقيا ! لهذا فإن الموتى لهم الفضّل علينا حتما باكتشاف بعض الأدوية في الطب، وبالجمال في فن (دافينشي) وكذلك زميله "مايكل أنجلو".

هكذا بدت لنا لوحاته الشهيرة غير "الموناليزا" كلوحته الشخصية التي رسمها لنفسه؛ ولوحته الشهيرة"العشاء الأخير" التي صور فيها اللحظات الأخيرة للمسيح "عيسى عليه السلام" كما عَرِفها من الأناجيل، وهو بين حواريه الاثني عشر! ورغم أن عددا غير قليل من الفنانين العالميين رسموا ذات المضمون؛ لكن عبقرية "ليوناردو" ظهرت في تصوير لحظة درامية أظهرت ردة فعل حركية لانفعال تلاميذ المسيح حين فاجأهم أن بينهم من سيخونه؛ ويسلمه

لليهود كي يقتلوه؛ وقال عيسى عليه السلام حينها مقولة مشهورة "إن ابن الإنسان لابد أن يمضي كما قد كُتب عليه". وبالطبع، لم يكن صعبا على "ليوناردو" إظهار تلك الحركية العجيبة في" موناليزا" التي بقي يرسمها 15 سنة منذ ما يقارب خمسمائة عام؛ شاغلا بها العلماء، فارضا سؤالا: هل تبتسم أم تسخر أم هي حزينة!!؟ فيما عيناها تشعراك أنهما تريانك إن كنت عن يمينها أو يسارها أو أمامها، وذلك عندما تقف أمامها في متحف اللوفر في فرنسا، فهي لوحة "مدهشة" ودهشتها بالنسبة لي؛ كيف لتلك السيدة التي تخلو من الجمال، أن تُصبح الشغل الشاغل بابتسامتها لعلماء العالم في مختلف التخصصات ومؤرخي التاريخ؛ معطية درسا أن الابتسامة سر الجمال أيا كانت ملامح الوجه ولونه؛ فوجه جميل غير مبتسم، لن يكون قريبا للقلب، والعكس صحيح.

لكن بصدق ما يهمني الإشارة إليه، هو الثورة العلمية والبحثية التي وصل لها الغرب في جميع المستويات؛ ودون إهمال الجانب الثقافي والفني، فلوحة كالموناليزا لفنان من رواد عصر النهضة، كان طفلا غير شرعي من سيدة فلاحة وأب من النبلاء لم يتم إهماله ببساطة، لقد صُرفت ميزانيات بمئات الملايين من الدولارات، لأبحاث علمية تنهض فقط على شكوك وظنون ربما لا صحة لها، وتم ابتكار اختراعات لفكّ تقنيات تلك اللوحة؛ وللمحاولة في فك أسرار صاحبتها وراسمها، فنيا وتاريخيا ودينيا وحتى طبيا؛

فالأطباء يقومون بدراسات لتقديم تفسيرات لتلك الابتسامة، وأتذكر خبرا قديما بأن أحد الأطباء يدعى: "فيتو فرانكو" قدم بحثا في أحد المؤتمرات، توصل فيه إلى أن هناك علامات واضحة على تراكم الأحماض الدهنية تحت الجلد نتيجة لزيادة الكولسترول لدى سيدة"الموناليزا" وأشار إلى أن في عينها اليمنى كيسا دهنيا أو ورما حميدا! إذاً كانت مريضة "يا حرام" !

ولكن آخر تلك الأخبار التي قرأتها ولن يكون الأخيرة طبعا؛ هو حصول علماء إيطاليين من الكنيسة على تصريح بفتح إحدى المقابر التي يظنون أنها تعود بالقرابة لصاحبة اللوحة، من أجل أخذ عينة من الحمض النووي، و مطابقتها مع حمض نووي لسيدة تدعى"ليزا غراديني" زوجة تاجر حرير، كانوا قد فتحوا قبرها أيضا، ويعتقدون أنها "الموناليزا" التي رسمها دا فينشي !

هكذا هي الأبحاث العلمية والأكاديمية عند الغرب، لتلمسوا الفرق، فنحن والعالم العربي لم نصل إلى هذه الدرجة من الحريّة البحثية و الميزانيات الهائلة سعيا لخدمة العلم بتجرد دون تدخل أيديولوجي أو سياسي وإن كانت في نهايتها تخدمهما جيدا.

ولكني أتساءل : هل كان يتوقع يوما "دافينشي" أنه سيكون كجثة أو ما تبقى منه محل شغف وفضول ونبش آخرين كما كان يفعل وهو يشرح جثث الموتى ليتقن الرسم، حتى يحصلوا على المعرفة كما فعل يوما ؟ لقد قرأت مرة خبرا عن علماء إيطاليين يسعون إلى فتح قبره ودراسة رفاته،

ليعرفوا أكثر عن صاحب "الموناليزا"؛ اللوحة التي لم يكن يفارقها أينما ذهب، وكأنها "عشيقته"رغم أن بعض الدراسات أثبتت مطابقتها تماما لوجهه الذي رسمه لنفسه !! كما طابق وجهه على "كفن تورينو" الذي ظلّ المسيحيون يعتقدون أنه كفن المسيح لأربعمائة عام حتى اكتشف باحثون أن الوجه الذي تبدو معالمه في الكفن مطابق لوجه "دافينشي" الذي رسمه لنفسه !؟ فهل كان يمزح حين رسم وجهه بطريقة مخفية على الكفن !؟ أم كان يخفي سرا كما حاول إخبارنا الروائي (دان بروان) صاحب "شفرة دا فينشي" !.

وتبقى الأسئلة مشرعة أبوابها في البحث العلمي الحقيقي؛ طبعا عند الغرب وليس عندنا !!

يمرّ الكثير منّا أحيانا بوردة جميلة حمراء ولا يشعر بجمالها.. في المقابل يمر بسيارة فاخرة غالية الثمن ويجدها الأكثر جمالا.. !

حواري مع "طقاقة"

كانت تجلس بجواري ســافرة عن وجهها وغاضـبة متذمرة مني، ونحن نبدأ بشـــق طريق الصـــحراء من مدينة جدة باتجاه الجنوب في صـندوق "النقل الجماعي" الذي قربني أكثر من المنسيين في مجتمعنا، ممن لا يجدون ثمن صعود الطائرة، ويفرح بكيس كبير من "عيش الصـامولي" يأخذه معـه هديـة من جدة، وقد تفاجأت أننـا نعيش في مجتمع نفطي وما يزل يوجد لدينا هذا الكم من الوجوه المتعبة التي أهلكها الفقر والجهل والمرض.

أعود وأكمل، أنه بالرغم من تذمرها مني، كوني سببا لأخذ مكـان من كـانت تجلس لوداعها، وانتهى وداعهمـا بفيلم هندي، حيث أخذت المرأة تلاحق البـاص بسـيارتها، وتحرك يدهـا يمنـة ويسـرة، فيمـا التي بجواري تبادلها رســـائل الجوال وتبكي، ولا أنكر أني كنت مثل"الأطرش في الزفة" وأقول لنفسـي: لو كانت هذه رجلا لما فعل ذلك لزوجته عند وداعها !!ثم عدتُ إلى فضولي، وقلت لنفسي" لطفي الجو شوي يا حليمة ".

وبادرتُ بالســـؤال : الله يعطيها العافية باين عليها تعزك مررررة ؟

نظرت بحدة: هي تعني لي الكثير.

ـ أختك ؟!

ـ لا ؟

ـ ابنة خالتك .. عمتك ... جدتك .. جارتك ؟؟

ـ لا .. لا ... لا .. هي صاحبتي.

بلؤم ـ ما شاء الله .. يعطيكم العافية !!! قد كدة !!؟

وبدأت تتقبلني، وتتحدث عن صــديقتها التي هاتفتها أثناء حديثنا عدة مرات منها أخبرتها أنها أحرقت أصــبعها الصــغيرة بكوب الشــاي، ولأنّ فضــولي كبير بهذه الحالة التي تجلس بجانبي، سألتها رغم أني أعرف الإجابة: معلمة حضرتك ؟

ـ لا .. يا ليت .. لكني لم أُنهِ الابتدائية حتى.

ـ طيب .. تشتغلين ؟

ــ اكيد .. أحد يعيش من دون شغل ؟!.. أشتغل في الأفراح "طقاقة" .. وأحصــل من فضــل الله في كل ليلة من 600 إلى 900ريال

ـ ما شاء الله .. طقاقة !!

ـ أعمل إيه .. لازم "علشان" أولادي.

وبدهشة : أنت متزوجة ؟!

ـ مطلقة .. وعندي خمسة أطفال

ـ لكنك صغيرة في السن ..!!

ــ عمري ثلاثة وعشــرين ســنة .. وزوجني أبي وأنا في الثانية عشــرة .. وأخرجني زوجي من المدرســة .. وطلقني منذ ســنوات قليلة .. لقد كان عنيفا معي ويضــربني وبخيلا جدا .. ثم سكتت للحظة وأكملت: رجعت لأهلي، وليس لدي

شهادة ولا يوجد معهد يقبل أمثالي، أما الضمان الاجتماعي كما تعرفين لا يكفي لقمة.. فماذا أفعل!؟.

ـ أعانك الله.. وعوضك برجل أفضل منه.

ـ أعوذ بالله.. لا أفكر في الزواج نهائيا.

ثم مرّ مساعد السائق يتفقد المسافرين، فقالت : أكره رائحة الرجال ؟

وقاطعتنا رنة رسالة جوالها من صــديقتها بأغنية لأحلام"تدري ليش أزعل عليك.. أعشقك وأموت فيك "..

هكذا كانت رسائل صــديقتها كمهدئ لها على طول الطريق الصــحراوي ونحن في صــندوق النقل الجماعي ، ويملأ ذلــك الفراغ الفكري والروحي والتعليمي لــديهـا و الذي تسببت فيه ظروفها القاسية، وسألتها : تكرهين رائحة الرجال ؟!

ـ لا أطيقها أبدا.. هل لديك عطر ؟

ـ تفضلي..

ـ رائحته جميلة.. ما اسم هذا العطر؟

أخبرتها أنه "كوكو شانيل" فلم تفهمه ولم تعرف كيف تلفظ اسمه، وطلبت أن أكتب أسمه لها، ثم قالت :

ـــ لازم أشتري هذا العطر.. أحسـن الذي في رأسـي ما يرتاح.

ـ عفوا.. الذي في رأسك.. من هو الذي في رأسك؟!!!!

ـــ "أيوة ".. أنا عندي "زار " والعطر عجبه ولو ما اشتريته يتعبني.

ـ زار.. أي زار !! وفي رأسك ؟!

حينها قلتُ لنفسـي " هذه هي نهاية لقافتي وآخرتها زار وجن "و تحمدثُ الله أني بدأت سـفري بـالقرآن وآيـات التحصين، ثم أكملت هي :

— هو الذي طلقني.. ما كان يخليني أحب زوجي ولا أصبر عليه.. ما يطيق الرجال..

ـ اهااااااا.. الله يشفيك..

وأكملت حديثها ــــ ذهبت لشـيوخ كثار ولم أجد أي نفع منهم.. يقولون عنه قوي.. والآن أنا تصالحت مع وضعي.. يقول أحد المعالجين إنه "جني عاشق" ولن يتركني.

ــــ أهاااااا ربنا يكرمك بالعفو والعافية.. اقرئي القرآن وداومي على الصلاة والله هو الشافي.

وبوجه طفولي ونظرة ضائعة قالت ـ ربنا كريم.. أهم شيء أولادي وعلشان كدة الذي ما استطعت أن أحققه أريدهم هم يحققوه في تعليمهم.

ـ هل فكرت بإكمال دراستك.. أنت ما تزالين صغيرة ؟

ـ من يقبلني الآن.. ؟

ــــ بإمكانك.. أكملي تعليمك عن طريق المنازل والانتساب .. ولا تستسلمي الفرصة ما زالت أمامك.

وتركت رفيقتي في السـفر "الطقاقة" تفكر بجديـة في اقتراحي، فيما أثارت الكثير من الأسـئلة في رأسي، وكم ابتسـمتُ حين توقفنا للاستراحة، لتذهب هي للبقالة العتيقة في محطة تقف على مشـارف الصحراء، بها مجموعة من الألعاب الرخيصـة التي يملأها الغبار، تبحث عن شـيء

منها لأطفالها، وتعود لتفتحها أمامي بقلب متعب وزهو إنها اشــترتها بحرّ مالها، رغم أنها ألعاب منسـية، وفي نهاية الطريق وقبل وداعها، ســألتها ـــــ هل ستفكرين بإكمال تعليمك ؟

أجابت بتفاؤل: أكيد..

لقد حرضــتني هذه المرأة على أن أتســاءل كثيرا بعدها رغم سلبية سلوكها؛ هل هي ضحية والدها الذي باعها في صــغرها لمن هو أكبر منها؟ أم عنف زوج جاهل حرمها التعليم؟ أم مجتمع لم يحمها بوضـــع قانون يمنع بيعها لمن يكبرها ولم يحفل بتأهيلها لتتحمل عبء أطفالها بعد طلاقها؟ أم أنها ضــحية الفقر والجهل و" الزار" وخرافات الجن والمس مما تم تكريســـه في عقلها ضــمن مجتمعها، لتكون أسبابا في إخراج طاقاتها السـلبية وآلامها النفسـية، ولتبرر بـه انحرافها العـاطفي وتقنع نفســها بـذلك أمـام مجتمعها بسبب "الزار" ؟!

ولكن مهما اختلف الجلادون لهذه الفتاة العشـــرينية التي تعمـل "طقـاقة" تدق الدفوف ليفرح أهل العرس.. وتبقى ضـــحية، وما أكثر أمثالها في مجتمع حتى الآن لا يحفل بمحاسبة الجلادين!!! .

يبدو أنه زمن " الفشار" العربي.. !! فهنيئا لنا بالفشاااار
في الدراما.. في الصحافة.. في الإعلام. .في الأدب.. في
السياسة.. في الاقتصاد.. في التعليم.. ويا أمة ضحكت من
"فِشارها " الأمم !!

"شويّة " حُبّ.. !!

أحيانا أتساءل: كيف سنعيش من دون الحبّ ؛ هذه العاطفة الإنسانية النبيلة!؟

أظنّ سيكون هذا العالم مكانيكيا؛ وسنصبح فيه عبارة عن آلات جامدة مُبرمجة؛ لا تشعر أبدا بقيمة الحياة وجمالها ولا بالآخرين؛ فالحب غريزة فطرنا عليها كبارا وصغارا، أمهات وآباء وأبناء وأصدقاء، حتى نستطعم به لذة الشعور في إنسانيتنا، إلا أن الحبّ بين الرجل والمرأة يبقى حالة كيميائية خاصة جدا، تعددت فيه التفسيرات والآراء، بتعدد التجارب الإنسانية والاجتماعية؛ فـ(شكسبير) يصفه بأن"الحبّ أعمى، والمحبون لا يرون الحماقة التي يقترفونها!" أما مدام (دوستايل) فتقول: "الحبّ هو تاريخ المرأة وليس إلا حادثا عابرا في حياة الرجل" فيما يقول عنه (جان جاك روسو):" الرجل يحب ليسعد بالحياة، والمرأة تحيا لتسعد بالحب" وتجده (إيفا بيرون) أنه :"كالحرب من السهل جدا أن تُشعلها، ومن الصعب أن تخمدها" لكنها تراه مأساة أيضا:"تتلخص في أن الرجل يريد أن يكون أول من يدخل قلب المرأة، والمرأة تريد أن تكون آخر من يدخل قلب الرجل".

أما أديبنا المصري الراحل أنيس منصور، فيقول عنه
:"الحب عند الرجل مرضٌ خطير؛ وعند المرأة فضيلةٌ
كبرى" لكن أقرب ما يُصور حالة وقوعهما في الحب قد
يلخصه هذا المثل الذي لا أعرف قائله حيث يقول:"الحبّ
يدخل للرجل من العينين، بينما يدخل إلى المرأة من
الأذنين".

أعتقد أن كثيرين منّا في يومنا هذا لم يصادفوا الحبّ
"الحقيقي" في حياتهم؛ أقصد الحبّ الذي يصبح سببا لحدوث
المعجزات والمتغيرات الحياتية، وأحيانا كثيرة هناك من
يظن أنه وقع فعلا فيه، ولكنه بعد فترة يجد أنه لا شيء حين
يصادف قصة أخرى بشكل مفاجئ تأخذ قلبه، يحدث مثل
ذلك كثيرا في عصرنا الذي نعيشه اليوم وفي المجتمعات
الخليجية بالذات، كأن الحب قد تلوث بما طغت عليه حياتنا
من الماديات في كل شيء، بل باتت شرطا من شروطه عند
بعضهم أو بعضهن لشدة سيطرتهم على أنفسهم، ودون شك،
فعصر التقنية الحديثة والاتصالات السريعة ساهم أيضا في
تحويل"حالة الحب" إلى ما يشبه "وجبة سريعة". وتستغرب
أحيانا أنه بات عند بعضهم مجرد "تسلية" لا يشعرون من
خلالها إلا ببطولات مزيفة تشبع نهم "الأنا المريضة"، فلا
مانع لديهم من أن يحبوا "عشرة" في وقت واحد.
لكن مهما حاول بعض الأشقياء أن يلوثوا "الحبّ" هذه
العاطفة الإنسانية النبيلة باستهتارهم أو استغلالهم اسمه لنيلُ
رغبات "مشبوهة" أو"مريضة"، إلا أنه سيبقى ما بقي

الإنسان على وجه الأرض، إننا نشعر به كلما سمعنا صوت أم كلثوم وهي تغني "أنت عمري" أو حين يشدو عبد الحليم حافظ بـ"رسالة من تحت الماء" وأحيانا نفتقد"خرافته" كلما قرأنا قصص "ألف ليلة وليلة" أو قد نعيش حالة أبطال رواية من روايات نجيب محفوظ، وما أكثر ما شعرنا بالحبّ حين يأخذنا الشاعر نزار قباني إلى أحاسيسه المنحوتة في كلمات ليست كالكلمات، يرحل بنا من قصيدة حب إلى أخرى؛ فبين "أحبّك جدا" إلى "صباحك سكر" إلى "حافية القدمين" وحتى آخر قصائده، أراه يعيد تكويننا العاطفي في كل مرة، ويحلق بنا لنلامس الغيمات البيضاء في السماء بأيدينا، وكأننا نستمطرها ماء كي تروي ظمأنا الإنساني لتنبت عواطفنا حدائق ورد وبنفسج.

إن الحبّ برأيي حالة تمتزج فيها اللذة مع الألم، يعيشها الإنسان ليشعر بأنه ضائع في الزمن؛ إنه حالة قد لا يستطيع أن يُدركها بعقله أحيانا إلا بعد فوات الأوان، بل العقل حين يتدخّل قد يُفسد الحب؛ وأحيانا أخرى لا نشعر به إلا بعد أن يضيع من بين أيدينا ونفقده ضمن الأشياء، ورغم كل التفسيرات والتجارب الإنسانية فإن "الحبّ الحقيقي" هو الذي "يصنع المعجزات" لأنه يعيد ترتيب الإنسان من جديد، وكأنه يهبّ فرصة جديدة للحياة، كي يصبح أفضل وأجمل وأرقى، لما فيه من طاقة إيجابية مهذبة، ولكننا أيضا علينا أن لا ننسى بأن هذا الحب أيضا قد يُحول الملاك إلى وحش كاسر أحيانا.

كُن جميلا.. ترى الحياتين أجمل..

"أسامينا.. شو تعبوا أهالينا"

" أسامينا..
شو تعبو أهالينا تلاقوها وشو افتكرو فينا.. "

إلا ما تأخذنا فيروز إلى ذلك العالم المُدهش عبر الكلمة البسيطة لتتنفس خلجات قلوبنا ونشعر بإنسانيتنا؛ صباحا كل يوم أنا وهي وصديقتي السوداء"القهوة" وشيء من الإنسان يسكن هنا وهناك؛ يعبرنا لكنه إلا ما يبقى على مدار الساعة يدور كما عقاربها !! حتى ونحن نغدو "جثثا " نائمة على أسرة الليل يأبى إلا أن يلاحقنا في أحلامنا وكوابيسنا !

إنسان نقرؤه على الورق في الكتب المقدسة وفي الروايات والقصص والقصائد حتى في كتب التاريخ وحكايات الأزمنة العتيقة التي تحكيها عجائزنا، إنسان نشاهده عبر كل تلك الصور التي تتناقلها الصحف ووكالات الأنباء يُعلن عن وجوده بأسماء عديدة كأيقونات لوجوه في مجموع اللغات والمذاهب والأهواء العديدة جدا، إنسان بات بطلا في تلفزيون الواقع نشاهده حيا وميتا ومقتولا؛ باكيا وضاحكا، مبتسما وعابسا، ظالما ومظلوما، صامتا وصارخا في كل تلك القنوات الفضائية التي تسجنه في شاشة "بلازما" أو "ذكية" نتحكم فيه وفيها عبر "الريمود كنترول" ونحن نتناول المسليات والكولا !

إنسان يُنافس أبطال الروائيين والأفلام والمسلسلات، تراه جالسا على القهوة "يتفلسف" أو قارعة الطريق "يُحدث نفسه" أو يمشي في أحد الشوارع لا يبارح نظره التراب ويختفي بين الأزقة والحارات، منتشيا كان أو جائعا ، أو ظمآن أو شريد أو عاريا أو عكس ذلك..

يااه ومع هذا كله "ما أكثر الناس وما أندر الإنسان "!! كما قال المهجري مخائيل نُعيمة.

وفي كل هؤلاء وهؤلاء نظلّ نبحث عن وجوهنا ووجوه قريبة من ملامحنا.. من أشكالنا.. من حكاياتنا ومغامراتنا ! نبحثُ عن أسرارهم علّنا نجد فيها فضائح تُشبه حكاياتنا "السرية" ونرى نهاياتها معهم !! نبحثُ بفضول عن أخطائهم علّنا نجد أخطاءنا "نحن" فتهون وتصغر في أعيننا ما دام هناك من يرتكبها مثلنا! أيعقل أن الذين يبحثون عن فضائح الآخرين وأسرارهم هم في الأساس يبحثون عن فضائحهم "هُم" وأسرارهم "هُم" !؟ يريدون أن يكتشفوا نهايات أبطالها ! وقد يضعون هم نهاياتها حين يُعلنونها على الملأ ! لكن لماذا ؟! ربما رغبة استطعام "الخطيئة" والاغتسال من "ذنوبهم" عبر فضح الآخرين على الملأ وتقديمهم للحساب نيابة عنهم !!

أيعقل أن تلك الأسماء المتشابهة لوجوه مختلفة في ظروف مختلفة تسمينا بها ونحملها كتركة لآبائنا، ونحمل معها أخطاءهم وأحلامهم وآمالهم وأسرارهم!؟ كيف لا !؟ ونحن نرث مع أسمائنا بهم تركة من عاداتهم وتقاليدهم وعلومهم وخرافاتهم وخزعبالاتهم !! وكأن تسميتنا بأسمائهم محاولة

استنساخ لأموات في أجسادنا الحيّة؛ ولكن تبقى في العيون لغة تضمر احتياجاتنا ، وكأنها أيقونات أسمائنا الحقيقية التي لم نتسمَ بها ! مع ذلك هناك قلّة اتخذت قرارا بتغيير أسمائها واختاروا أسماء عيونهم لتكون أيقونة التعريف بهم؛ هؤلاء أكثر شجاعة؛ لأنهم أعلنوا اختيار حياتهم كإنسان بين الناس. وتبقى كما تقول فيروز "الأسامي كلام.. شو خص الكلام.. عينينا هنّي أسامينا.."

المجتمع الحي من يحيا فيه أمواته.. والمجتمع الميت من
يموتُ فيه أحياؤه..
فهنيئا للأموات بحياتهم والعزاء للأحياء بموتهم..

بائعة الحظ.. !!

ســأكون صــريحة معكم، في أحد الأيام لم يكن يومي جيدا،مصابة بـ"ميكروب أنفلونزا" التشاؤم، وحينها أهرب إلى ذاكرة مثقوبة في رأسي العنيد؛ أفتش فيها عن صفحات تدعوني للتفاؤل أو الابتسامة، كابتسامة "أم رأفت"سيدة مصـرية في العقد السـادس من عمرها اسـتوقفتني؛ حين كنتُ أتجول ذات مرة بين جنبات خان الخليل والحسين في شــتـاء القاهرة ليلا، وكـانت هي بين عدد من الجـائلين والمشردين الذين يتخذون الإسفلت سكنا لهم، تجلس على كرسي خشبي مهترئ في حافة الرصيف، لا تغادره ليلا أو نهارا سـوى عند الحاجة فقط، تتقدمها آلة خشـبية قديمة تشــبه الآلة الكاتبة تحتوي على أرقام ودولاب صــغير أسمتها آلة الحظ، ويداها تحركان مسبحة قديمة جدا، وحين اقتربتُ بمحاذاتها أكمل طريقي، نهضت سريعا رغم ثقل عظامها، تناديني: تعالي يا هانم.. يا ست.. شـوفي حظك ... الآلة ذي سرها باتع والله.

ابتسـمتُ، فأنا تأسـرني ابتسـامات وحكايات العجائز، وتقدمتُ خطوتين إليها، أتأمل عينيها الصــغيرتين خلال نظارتها كبيرة العدسـة، وهما تتوسطان حُفر رسمها زمن العمر على وجهها، وقلتُ لها بلهجة مصـرية: هو في حظ بينشاف الزمن ذه.. يا..!؟

أجابت : أم رأفت يا شابة.. اختاري رقم وهتعرفي حظك وبخت قلبك !! الآلة ذي متكذبش خالص.. صدقيني.. ووجدتها فرصة للحديث معها، خاصة وأني لمست جوعها وبردها، وقلت لها: هي الآلة ذي قديمة جدا، معقولة ما خرفتش ولا بتكذب خالص.. هو عمرها كم ؟

أجابت : خمسين سنة، ورثتها من أخويَ الكبير الله يرحمه.. ورزقي على الله باللي ييسره منها.

سألتها : عندك أولاد يا أم رأفت ؟!

قالت بحسرة: اثنين، كل واحد في بلد، وما شفتهمش من سنين.. لكن ربنا يوفقهم.

سألتها : ونفسك في إيه يا أم رأفت ؟!

أجابتني بعيون ذابلة: آااه يا بنتي نفسي أحج، بس ربنا ما أردش لسة، (وأكملت) عايزة تشوفي حظك يا ست.. أنا حاسة أنه حظك جميل وهتدعيلي..

قلت لنفسي"ما دام الآلة سرها باتع.. ربنا يستر من البتاعة ذي"، وقلت لها : خلينا نشوف..!! وطلبت مني اختيار رقم، وضغطتُ على زر مهترئ، فخرجت لي من آلتها الصدئة ورقة صغيرة، وضعتها أم رأفت في يدي بعد أن قرأتها عيناها سريعا، وهي تبتسم بمكر حنون، وكأنها كشفت سري، وأعطيتها ما فيه النصيب، وودعتها، أتأمل الورقة المهترئة؛ لأقرأ ما كُتب فيها" شريك العُمر لا يرى غيرك في قلبه ويعشقك بجنون "!

حينها ابتسمتُ ثم ضحكتُ ساخرة، وأكملت طريقي أقول لنفسي " بائعة للحظ .. ولا حظ لها ".

الموسيقى رسول بين حياتين..
ترتقي بأحاسيس الإنسان كي يستدرك صغائر الأمور قبل
كبيرها

" أنتَ عمري.. ! "

"اللي شفته قبل ما تشوفك عنية
عمر ضايع يحسبوه إزاي علّي
أنت عمري إللي ابتدى بنورك صباحه ....."

إنها من "كلثوميات الست" التي صب في لحنها محمد عبد الوهاب بذرة أول تعاون بينه وبين أم كلثوم، ولا أنسى أيضا أغنية "سيرة الحب.." وهما الأقرب لنفسي؛ ومعهما أمضي استراحاتي الكلثومية، ولم تكن أم كلثوم "الست" إلا لأنك لا تطيق صبرا مع كلثومياتها؛ تدخلك عالما غرائبيا داخل تلك الأودية السحيقة تسلكها ضمن شرايينك وأوردتك في قلبك، كي تجرّ معها قافلة ذكرياتك أو أحلامك في حالة سلام وتصالح عاطفي مع ذاتك؛ وكأنك تحاول استعادة حكايات الوهم "اللذيذ" الذي ربما عشتها في أولى نبضاتنا المراهقة بالحياة حين نفكر بـ"الحبّ" هذا الكائن العجائبي الذي انغرس داخل آدميتنا منذ أن رضعنا الحليب من أمهاتنا.

وسأكون صريحة جدا، وأسأل هؤلاء الذين ينكرون ويستنكرون "الحبّ" كعاطفة نبيلة محترمة في حياتنا ليغدو "خطيئة " أو أشبه بكائن "عفريتي" لا نعرف له ملامح؛ يتنفسه السعوديون بخوف؛ وقد فطره الله تعالى في أبناء

أرضـــه، والأدهى والأمر أن هذه العاطفة النبيلة غدت "أشـــباحا" هلامية تتغذى على "عفن" و"توجس" و"ريبة" تنمو أشواكها في بيئتنا.

من قال إن الحبّ كائن زئبقي ؟! من قال: إن الحب خبز الجائعين ؟!

أو أنه مترع العرابيد والخائبين والفاشـــلين!؟ من قال إنه نزقٌ فاجرٌ يقتات عليه الصعاليك ؟!

من قال: إن الحبّ خطيئة أو زندقة يُرجم فاعلها كي يموت ؟

من قـال: إنـه حلم بليـد أو وجع حكـايـات بعيدة تعيش الأساطير ؟!

كل هؤلاء كاذبون مع سـبق الإصـرار والترصـد.. كل هؤلاء فاشلون.. ينتفضون بردا لا سلاما..

كل هؤلاء موتى في أجسـاد "تتطهر" كذبا وغشـا بكره الحبّ !

الحبُّ.. يكفينا منه أن يغمرنا بدهشة التفاصيل الصغيرة في أرواحنا لتحلق نشوى كفراشات قزحية الضوء في دمائنا؛ يكفيه أنه مع الحب يتجمد الزمن، وتبقى دائما معه قلوبنا خضراء لا تشيخ.

حكاية المواطن العربي أشبه بحدوتة قبل النوم.. مأساة مشوقة ليس لها نهاية !!

من يقول "الحُلو ما يكمل ؟!"

هناك قصة شهيرة يحكيها التراث الصيني؛ عن امرأة صينية مُسنة تمتلك إناءين كبيرين؛ تملأ فيهما الماء من النهر وتنقلهما إلى بيتها مربوطين بخشبة على كتفها، وكان أحد الإناءين به شرخ يتسرب منه الماء على الطريق إلى بيتها، وحين تصل به، يكون قد نقص الماء كثيرا، فيما الآخر كان في حالة جيدة، وخلال سنتين والمرأة تملأهما بالماء كل يوم من وإلى بيتها، وما حصل أن الإناء السليم كان مزهوا بنفسه، لأنه يخلو من العيوب ويؤدي عمله كاملا، فيما كان الإناء المشروخ محتقرا لنفسه ويرى أنه عديم الفائدة لأنه عاجز عن إتمام مهمته، وفي يوم من الأيام وبعد مرور سنتين من الإحساس بالدونية والفشل تكلم الإناء المشروخ مع السيدة المسنة معتذرا "أنا خجل جدا من نفسي، لأني عاجز ولدي شرخ يسرب الماء على الطريق للمنزل".
ابتسمت السيدة الصينية وقالت له:"ألم تُلاحظ الزهور التي على جانب الطريق من ناحيتك وليست على الجانب الآخر؟! إنني أعلم تماما عن الماء الذي يُفقد منك، ولهذا الغرض غرست البذور على طول الطريق من جهتك حتى ترويها أثناء عودتي بك إلى البيت، ولمدة سنتين كنتُ قطفت من هذه الزهور الجميلة لأزين منزلي؛ ولو لم تكن بما كنتَ

عليه (مشروخ) ما كان لي أن أجد هذا الجمال يُزين منزلي".

قصة جميلة، بها الكثير من المعاني الكبيرة، وكم نحتاج أن نرى الجزء الممتلئ من كأس الحياة ونستثمره، لا الجزء الفارغ منه والتحسر عليه، هذا ما فعلته العجوز مع الإناء المشروخ، فهل نفعل ذلك مع ما نمتلكه من أشياء أو مع أعمالنا التي لا نحبها أحيانا أو ظروفنا الصعبة التي تحيطنا أو حتى مع أنفسنا !؟ فكل شيء من حولنا يحوي الضدين؛ سلبيا وإيجابيا؛ حتى القمر الذي يتغزل العشاق به له وجهان: أحدهما مضيء والآخر مظلم؛ ونحن مثله تماما، ومن منّا يخلو من العيوب أو نقطة ضعف سواء في أشكالنا أو قدراتنا التي نتمايز فيها مع بعضنا البعض ـ استثني العيوب الأخلاقية والسلوكية السلبية ـ وحتى ظروفنا منها ما يجعلنا أحيانا نشعر بالعجز، ولا كامل إلا خالق السموات والأرض سبحانه.

لكن لو استسلمنا لتلك العيوب فينا ونلوم أنفسنا على ما قُدّر علينا؛ لكان سببا لتشوهنا فعلا؛ فما تراه عيبا قد لا يراه الآخرون عيبا إلا نتيجة شعورك السلبي تجاهه، وهناك كثيرون يجعلون من تلك العيوب "شماعة للفشل" وينسون أنهم في حاجة إلى الإيمان بأنها ما قُدِّرت عليهم إلا لحكمة ودورهم هو البحث فيها لتكون مفتاح الجمال والإبداع والتفوق والتحدي إنه ممتع حتما ؛ بل حتى وجود الأعداء

والحاسدين حولنا؛ لم يكن ذلك إلا لحكمة فيها من الخير والنفع الكثير !!

باختصار؛ أحيانا "الحلو ما يكمل" كما يقول بعضهم، ولكن يبقى حلوا مهما كان؛ فقط علينا أن نفعل كما فعلته العجوز الصينية مع إنائها المشروخ، وكما جاء في الكتاب العظيم قوله تعالى:{وَعَسَىٰ أَن تَكْرَهُوا۟ شَيْئًا وَهُوَ خَيْرٌ لَّكُمْ وَعَسَىٰ أَن تُحِبُّوا۟ شَيْئًا وَهُوَ شَرٌّ لَّكُمْ وَٱللَّهُ يَعْلَمُ وَأَنتُمْ لَا تَعْلَمُونَ}.

من وجد أن الحُمرة في شفتيها يُنقص من عقلها لا يعرف
من أسرار النساء شيئا

"الأنوثة".. في الميزان !!

"االأنوثة" قيم معنوية ونفسية تتكون من منظومة أخلاق مكونة، من القوة والرحمة والحكمة والهدوء والاحترام والاتزان والعطف إلى غير ذلك، مثلها مثل "الرجولة" تماما التي تتكون من قيم معنوية أخلاقية أيضا؛ فكما أن هناك رجلا مفتول العضلات لكنه ليس برجل، لأنه لا يتحلى بقيم الرجولة؛ فهناك امرأة جميلة ليست أنثى لأنها لا تتحلى بقيم الأنوثة أيضا.

واستغرب جدا من بلادة التفكير فيمن يحصر "الأنوثة" في مجرد مظاهر "قشرة جسدية" في ظلّ تشويه جوهرها المعنوي، بتعزيز التخويف النفسي في المرأة خلال تنشئتها من كونها"فتنة"وتكريس دونيتها بأنها "ضعيفة" مع دفعها للاهتمام بـ"القشرة الجسدية" لتكون فاتح شهية للرجل حتى يقبلها في حياته، بحيث تسعى الثقافة الاجتماعية "الذكورية" إلى ترسيخ صورة نمطية للأنثى "المتعة" و"التابع" للرجل؛ وهو تفكير خاطئ، لأن قيمة "الأنوثة" هي التي تنبع من ذات المرأة، ويشعرها بأهميتها الإنسانية كأنثى متصالحة مع ذاتها حين تقف أمام المرآة لتتخلص من كل ما تحمله على ظهرها من عبء تراكمات المجتمع بكونها مجرد "عورة" و"حُرمة" و"عيب اجتماعي " أمام نفسها.

وكم هو محزن، أنّ كثيرات يعانين من تشوه معاني "الأنثى" في ذاتهن، فلا ترى الواحدة منهن في نفسها سوى أنها "فتنة" و"مخلوق ضعيف" أدنى من الرجل ومغلوب على أمره، ونتيجة لهذا التشوه الذاتي في الشعور بدونية الأنثى داخلها، تعاني الكثيرات من اضطراب نفسي وصراع مع رغبات "الأنثى" المشوهة، ما أدى ببعضهن إلى الاستسلام التام لهذا التشوه النفسي؛ وتأدية دورها في الصورة النمطية التي رُسخت لها اجتماعيا، إذ تؤمن أنها "ضعيفة" فتراها "منكسرة" و"عاجزة" لا ترى في نفسها وجودا دون الرجل، في ظل أنها تؤمن بأنها "فتنة" و"غواية" وبالتالي هي "عورة"؛ حتى تلجأ إلى إهمال نفسها ومظهرها الخارجي، إذ كيف تهتم بذاتها وقد تكون سببا لمعصية عابر سبيل في الطريق الذي تمشي فيه !؟! ثم يقع عليها اللوم إذا ما تحرّش بها لا على أخلاقه الفاسدة التي جعلته يفعل ذلك !!

هناك أخريات على النقيض تماما؛ اتخذن ردة فعل مغايرة ضد الأنوثة المشوهة داخلهن؛ وحاولن أن يوجدن مصدر قوة تمردا على الأنثى الضعيفة داخلهن، باستثمار "القشرة الجسدية" للأنثى والاهتمام بتجميلها مع إهمال جوهرها تماما، من خلال المبالغة المفرطة بأدوات التجميل التي تلون به وجهها تحت النقاب أو البرقع أو خارجهما، ونوعية الملابس محتشمة كانت أم لا!! بل بالغت أيضا في متطلباتها لتشتري ما لا تمتلك ثمنه، فهي تؤمن أنها لن تكون "أنثى" دون هذه المبالغات في التجميل الخارجي،

ولا أعترض أبدا على اهتمامها بمظهرها بل أشجع عليه، ولكن ما أشير إليه أن تجميل المظهر الخارجي جزء من "تكوين الأنوثة" وينبغي أن يكون نابعا من جوهر الذات الأنثوية ومكملا لها، ولهذا كثيرات من هذا النوع؛ لا تتحقق أنوثتها إلا بتحقق المناسبات الاجتماعية، حيث تتجمل وتتصنع النعومة والرقة لأن ذلك هو ما يريده الآخرون، ولماذا نذهب بعيدا!! كثيرات بعد أن يتزوجن وينجبن يبدأن في إهمال مظهرهن الخارجي، فقد كانت تفعل ما سبق لأن محيطها الاجتماعي أملى عليها ذلك للحصول على الزوج والأسرة لا لتحقيق ذاتها الأنثوية؛ فماذا بعد ذلك؟! لا شيء.

إن لم تكن تحلُم.. فأنت مجرد جثة

من رقص لم ينقص !!

أحسب أن جميعنا يحبُّ هذه الكائنات اللطيفة أقصد الدلافين طبعا، فحين تتواجد في البحر تكون مصـــدر أمـان من أســـمـاك القرش، وتعتبر وفق مـا قرأتـه عنهـا، من أكثر الكائنات البحرية شـــبـها بنا، فهي اجتماعية، ثم أن أنثى الدولفين حين تلد صغيرها، تقف بجانبها أخرى كــ" القابلة " أو ما تعارفنا عليه بـــــ"الداية"، تسـاعدها على ولادة الصـغير حتى تتلقفه لتسـارع به لسطح الماء، كي يتنفس الهواء، كونها ليســت كباقي البحريات تتنفس تحت الماء، إنها مثلنا تماما، وإذا لم تفعل تغرق وتموت! بل إنها الكائن الوحيد الذي يتنفس الهواء بشـــكل إرادي، ولهذا حين تنام يبقى نصــف دماغها نائما والآخر مسـتيقظا، لیُمكنها من الصعود إلى سطح الماء والتنفس، وإلا فإنها ستموت غرقا أثناء نومها ؟!

الجميل ما يقوم به أصـــدقاؤنا الدلافين ونحتاج تعلمه منها؛ إنها مبتهجة ومتفائلة تحتفي بنعمة الحياة، وأشـــعر أنها مبتسمة دائما، خاصة مع الإنسان، تلعب وتقفز معبرة عن سـعادتها، وليس ذلك فقط، بل وترقص! ولمَ لا !؟ فالرقص فطرة الطبيعـة، ولا أبـالغ حين أقول أن الطبيعـة هي من علمت الإنسـان الرقص كما علمت موجات البحر الدلافين،

71

يكفي أن تتأمـل رقص الطبيعـة مع الهواء العليـل، وترى الشجر والزرع والطير جميعهم راقصين ماهرين، وأتذكر جيدا أنـه كان لدينا ببغاء ربتـه والـدتي لأكثر من إحدى عشـرة سنة، حين يسـمع أغنية لطلال مداح أو محمد عبده يرقص طربا! فمن علمه الرقص لولا أنها فطرة !؟

وليس من المعقول أن تعرف الطبيعـة بكائنـاتهـا قيمـة الرقص إلا نحن، نعتبره "منقصـــــة" لقيمتنا! وأتذكر تلك الثورة المعارضة التي نشرت عنها إحدى الصحف المحلية مرة ضد أحد الفقهاء من شيوخ العلم حين شارك بالرقص فرحا في زفاف ابن أخيه منذ سـنوات، فلامه اللوامون، وكأن الرقص من المحرمات، فيما هو فطرة إنسـانية فُطرنا عليها، وقد عرف الإنسـان منذ العصـر الحجري الرقص، فمن علمه ذلك ؟! سـوى الطبيعة، ليكون رقصـه بمثابة لغة جسدية يتواصل من خلالها معها، حتى أصبحت بعد ذلك طقسـا دينيا يؤديه في عباداته المتعددة حين حاول فهم الطبيعة من خلال الأديان الأرضية، ليس هذا فقط إننا نجد كل طبيعة جغرافية فرضـت لغتها وموسـيقاها، ولهذا تجد لكل حضارة إنسانية قديمة حتى في يومنا هذا رقصتها التي تميزهـا عن الأخرى وفق طبيعـة جغرافيتهـا التي تعيشـها، ولماذا نذهب بعيدا !؟ ففي مملكتنا، كل منطقة لها رقصـتها، فرقصـة أهل السـاحل تختلف عن رقص أهل الصحراء عن رقص أهل الجبال وهكذا.

كل ما في الأمر أن الرقص يُولد من الطبيعية التي تُلهم الفطرة الإنسانية كي تتواصل معها جسديا عبر طقس يمارسه الرجال والنساء صغارا وكبارا تجعل القلوب معها تغني طربا!! ويكفي فقط، أن تأتي بطفل دون السنة، تجلسه وتسمعه أغنية أي أغنية وإن كانت"شخبط شخابيط"، فتراه يهتز راقصا فرحا، دون أن يعرف معنى الرقص أو يعلمه أحد كيف يرقص! فلماذا نقسو على الفطرة الإنسانية السوية بمثل كئيب يختص بـ "المكشرين" هو : "من رقص نقص !".

عندما تؤذي نملة لم تتعرض لك وهي تمشي في سبيلها، فإنها ستقتص منك عند من خلقكما.. فما بالك حين تؤذي إنسانا لم يؤذك!

الباب والمفتاح !

كلّ يوم نفتح أبوابا عديدة تُصادفنا..باب البيت..الشقة..المكتب.. السيارة.. وأبوابا كثيرة نمرّ خلالها إلى أماكن أخرى، لكن هذه الأبواب الموصدة قد تقف حاجزا أمامنا، تفتحها مجرد مفاتيح صغيرة جدا عبر ثقب ضئيل جدا جدا في أجوافها!

جميعنا يشرب الماء يوميا ونراه بلا لون وبلا طعم ولا رائحة، الفرق الوحيد بيننا هو ذلك الإحساس حين نبتلع أول رشفة منه..هناك من يشربه دون محاولة للإحساس بطعم ما، يعتبره حاجة عضوية "تنشرب" وتروي و"السلام"!! وهناك ربما من يجد فيه المتعة حين يتأمل قيمة الحياة في لحظة تناوله الماء، فيشعر بطعمه كالمعجزة التي تسري في خلاياه الحمراء، إنه إحساس يصنع الفرق بالانتعاش والامتنان، الأمر ذاته حين يرى بعضنا نملة، مجرد نملة تدبّ في الأرض الواسعة بين أقدامنا العملاقة، تشق طريقها حيث رزقها، فتُوحي لأحدنا بإلهام ما كي يفعل مثلها، فيما آخر يتنامى إحساسه بالخوف من قطع طريقها فلا يؤذيها بصوت دهس حذائه؛ بينما آخر يلقي عليها نظرة، ودون مبالاة بقيمة حياة وهبها الله لها، يدهسها رغم أنها لم تؤذه وذنبها إنها بحثت عن رزقها في أرض واسعة بين قدميه!

الموقف ذاته حين يمرّ أحدنا بوردة ما، هناك من يشعر بجمالها ككائن يشعر بالنعاس مساء وتغمض أوراقها ليلا وتتنفس كل صباح، مثله تماما، يداعبها بنظرة تشعره بجمالها وإحساسه بالامتنان لله تعالى أنه عاشها رغم مصاعب حياته، في الوقت نفسه آخر يمرّ بذات الوردة، دون التفات لها، وإن التفت لم يشعر سوى برغبة قطفها ثم يرمي بها كي تُدهس على الإسفلت بين دواليب السيارات !! في كل ما مضى الفرق يبدو واضحا! والأمر نفسه يتكرر بيننا جميعا، حين نستيقظ صباح كل يوم، وحين ننظر إلى السماء يوميا ونحن نخرج من بيوتنا..حين نلقي بنظرة إلى غيماتها.. إلى النهار.. إلى لحظة غروب الشمس وهي ترمي بقميصها المغنج على وجوهنا.. إلى المساء إلى القمر إلى النجوم... وحين يتناول بعضنا القهوة أو الشاي، أو حتى حبات العنب السكري أو عندما نذر شيئا من الملح على طعامنا، وحين نستمع لصوت ما كعصفور يغرد أو برق يبرق، أو مطر يهطل، أو حتى حين نقرأ كتابا.. حين نصافح الآخرين.. حين نتحدث عبر الهاتف النقال.. جميعنا يفعل الأشياء ذاتها يوميا؛ يهضم ذات الهموم الاجتماعية، ويناقش وجهات نظر متباينة مع الآخرين، لكننا نختلف في مجرد الإحساس بها ورؤيتنا لقيمة الأشياء محاولة لإدارك الفرق بحاجتنا لها وحاجة الآخرين..الإحساس بجمال القبيح منها، وعظمة الضئيل فيها..إنه مجرد إحساس بالمُهمَّش قبل المسيطر في محيطنا وهذا هو ما يصنع الفرق بين إنسان حيّ وآخر ميِّت يمشي كلاهما على الأرض ذاتها.

ببساطة، إنها طريقة رؤيتنا وإحساسنا بالأشياء، هي مفتاح صغير جدا لفتح باب الفهم لعالم ضخم جدا، و"يا له من عالم رائع" كما يغني الصوت الأمريكي المدهش "لويسارمسترونغ" ويستحق أن نرقص له.

من الأفضل أن نكون ممن " يَعقِلُون" أمرهم لا ممن "يُعَلِقُّون" أمورهم

"إسفنجة" اسمها حُرية.. !

أيمكن أن تكون الحرية كلمة "إســـفنجية" !! بعد أن اعتدنا القول بـأنهـا "مطـاطيـة"؛ فـالجميع يؤمن بـالحرية، بذات الوقت لم يتفق أحدا أبدا على مسـاحاتهـا؛ فما يُسـمى بخط أخضـر ضـمن حرية فلان في جغرافية ومعتقد ما يُسـمى خرقا للقانون المُجمَع عليه عند آخر! فكل فرد منّا في الحياة وعبر التاريخ يفهم خطوطها الخضراء بما يسمح له محيطه الأسـري وبيئته الاجتماعية ومعتقده الأيديولوجي، والأخير ذو سـلطـة كبيرة في تكوين فكرة المجتمع وممارسته للحرية، فلكل عقيدة وشريعة على وجه الأرض مفهوم خاص لها، يديره أصـحابها المعتقدون بها وفق تفسيراتهم لتعاليم دينهم ونصوصهم، ولكن الجميع ينشد الحرية ويغني لها، ويؤمن أنها أمر حتمي يحتاجه الإنسان، ويسعى إليه أيا كان.. إنها مطاطية بالفعل.

اليوم اسمحوا لي بإضـافة صفة "أسفنجية" لها ولكن في المجتمعات العربية؛ لماذا ؟! لأنها عند العرب أشـبه ما تكون بإسفنجة، ينادون بها ويتقاتلون للحصول عليها؛ سعيا باسمها للسلطة سياسيا أو مذهبيا أو ثقافيا، وحين يحصلون عليها يسـتخدمونها في تنظيف الآخرين من حرياتهم !! لمجرد اختلاف أيديولوجي أو تضـارب في المصـالح المشـــتركـة، وتكفينـا البرامج الحواريـة الفكريـة على

الفضائيات لتسمع تطرف الحوار ممن يستخدمون إسفنجة الحرية في تنظيف الآخرين من اسفنجاتهم !! إذ إنه بقدر ما يمتصه الفرد العربي من حرية التجربة في بيئته وثقافته ومحيطه مهما كان فكره مستنيرا، بقدر ما سيكون وعي ضميره بمستوى الحرية التي يُمارسها مع الآخرين، ولا أظن أننا نستطيع فهم حرية الآخرين بيننا إن لم نكن قادرين على ممارسة حريتنا ضمن دائرة الآخرين أيضا !! وكما يقولون : فاقد الشيء لا يعطيه.

ببساطة، الحرية ليست مجرد مطلب إنساني، لأن الحيوان والحشرات والنبات كل يطالب بها أيضا، ولا يعيش دونها سوى ذابلٍ بائسٍ كحال المستعبد من الناس؛ ولتعرف؛ حاول حبس نبتة عن الضوء وراقب ذبولها، حاول حبس نملة داخل كأس زجاجي لتعرف مدى المجهود الذي تبذله بحثا عن مخرج ! وانظر للعصفور في قفصه؛ كيف يقفز يمنة ويسرة بحثا عن باب للخروج؛ وفيما يصرخ تغريدا، يستمتع مالكه به ظنا منه أنه غناء ومن قفزه أنه رقص!! فالحرية فطرة غريزية في مخلوقات الله تعالى جميعا، لكنها في الإنسان لها خاصية، أن تحققها مرتبط لديه بمستوى قدرته العقلية في التفكير؛ ولهذا الإنسان المؤمن تجد الحرية لديه مطلبا لتدين حقيقي، فلن يكون مؤمنا بحق ما لم يكن حرّا بحق؛ ولأجل ذلك جاء الإسلام العظيم معززا قيمتها الإنسانية في قيمتها العقلية خلال تحريضه على البحث والتنقيب وتقليب البصر والقلب، كي تكون

سـببا لإيمان أقوى، ولطالما القرآن العظيم يعزز قيمتها بالإشــارة إلى مفتاح العقل باتجاه الحرية، وهو الســؤال كـ"أفلا تعقلون" ؟! "لعلّكم تعقلون"؟! "إن كنتم تعقلون" ؟!. أخيرا، نصـيحتي قبل أن يبدأ أحدنا باسـتعمال "إسـفنجته" لتنظيف حريـة الآخرين منهـا، عليـه أن يـدعهـا تمتص تجارب الآخرين أولا أقصـــد "الماء والصـــابون" لتكون صـالحة للاسـتعمال، ولا تنسـوا كل واحد يخلي عينه على "إسفنجته"!!

الأخلاق ليست فقط التي تُمارسها مع من حولك قربوا أو بعدوا.. إنما تبدأ بممارستها مع ذاتك وجسدك وعقلك وقلبك قبل الآخرين

كلّما أحببنا أجسادنا.. !؟

دائمـا مـا أقول : كلمـا أحببنـا أجســادنا.. احترمتنـا الحياة..! لماذا ؟!

لأن الجسد الإنساني بتفاصيله هو حقيقة إيمانية جميلة في معناها؛ أحسن الله تصويره بدقة بالغة؛ ليهبنا معنى الحياة، التي تنهض بـه كل خلية من خلايـاه، لتتجدد قيمة الحياة، كل يوم وكل ســـاعة وكل دقيقة بل وكُلّ ثانية، لكننا أبينا إلا أن نشـــوَّه هذا المعنى في تفكيرنا، وغدونا ننظر بقصور ودونية لهذا الجسد حد التجاهل، وأحيانا الكراهية؛ لنمقت بعض تفاصيله غير المتسقة مع الآخرين، ولا نرضى عنها لأتفه الأسباب، والأسوأ من ذلك حين نقوم بسجنه داخل جدران وهمنا، ليمنعنا ســـلطانه من رؤية الحياة مكتفين منه بمراقبة وجوه باهتة، رغم دعوة الرحمن الصـريحة إلى تأمله، بقوله تعالى: ﴿وَفِي أَنفُسِكُمْ أَفَلَا تُبْصِرُونَ﴾ كي نؤمن بقيمته المقصودة / الحياة.

ومؤسـف أن يذهب العقل العربي إلى رؤية ضــيقة للجســـد الإنســـاني؛ ويحصـــره في زاوية رمزية غريزية، وزاد من قصـــور هذه الذهنية العاجزة عن التعامل مع هذه الجسـد الإنســـاني باحترام، "فحولية" الثقافة العربية التي توجهت لجعله من أبرز مشـــاكلنا

83

الاجتماعية وأزماتنا الدينية، ولأن كثيرين لم يتعلموا كيفية"احترام" أجسادهم وأجساد غيرهم، لم يعرفوا منه سوى أنه مؤدٍ للغريزة التي تشترك فيها كائنات الأرض جميعها! وباتوا غير مسيطرين على "بهائميتهم"، لتستنفر الشارع العربي لمنع رؤية وجه امرأة أو يديها مثلا!! وهم أنفسهم في هذا الشارع؛ برجاله ونسائه تجدهم مهووسون بعمليات التجميل وتقليعاته، التي في أكثرها ليست لأجل أن يحبوا أجسادهم، بل لتعزيز أهدافه الجنسية!!

لكن ماذا لو "احترمنا" هذا الجسد الإنساني؟! وأدركنا أنه ليس رمزا للشهوانية؛ ولم يخلقه الله تعالى ويحسن تصويره لمجرد أداء وظيفة "جنسيّة" يلهث الواهمون خلفها!! فالجسد الإنساني يعطي معنى الحياة برمزياتها، فما خُلق لنا إلا لتعزيز علاقتنا بها على الأرض، وما أوتينا كتلتنا المحسوسة المادية (الجسد) إلا لأجل تعميرها، بخلاف شركاء لنا سبقوا وجودنا عليها هم"الجن"،فالإنسان ينبضُب الحياة إذا كان الجسد متفاعلا على الأرض، ويفقد ذلك حين يموت الجسد ويتوقف عن قدرة التفاعل مع المحيط المادي! لتتحول قيمة الإنسان حينها في كونه مجرد "روح"بلا "كتلة مادية "تسكن السماء إن كان صاحبها "خيّرا" أو تسجن في الأرض إن كان ممن أبى تعميرها، فيزداد ندمه كل يوم وهو عاجز عن التفاعل المادي الذي كان

يوما جزءا حيا من وجوده الإنساني لا الشبحي، إلى أن يحين أمر الله تعالى ويرث الأرض وما عليها.

أعود وأقول: كلما أحببنا أجسادنا.. احترمتنا الحياة!! لا يكون ذلك إلا حين نحررها من وهم "شهواني " إلى قيمة بحجم "الحياة" نفسها !؟

في زمن الأجهزة "الذكيّة" بات الإنسان يستمتع بغبائه!

الآن.. !!

كثير منّا؛ إن لم يكن مُعظمنا تضيع أيامه، وتنسل اللحظات من بين يديه كما ينسل الخيط من الثوب، نتيجة بقائه معلقا بين سماء وأرض، بين ماض يتحسر عليه و لن يعود إليه، وبين مستقبل يشغل تفكيره ويحمل همومه لأنه يتساءل دوما:كيف سأعيشه ؟! ويمضي به الوقت في التفكير بين أمس وغد متناسيا "الآن" اللحظة التي يعيشها، حتى تنتهي وترحل مع "اليوم" إلى مجرد ذكرى يتباكى عليها !!

أقولها بصدق: أنّ الحياة "الآن"؛ إنها اللحظة التي نتنفس فيها ونعيشها أينما كنّا ومع من كان أو كانت.. في البيت.. في العمل.. وأنت تقود سيارتك أو ترتشف كابيتشينو.. أو تلاعب أطفالك ..إلخ.. هي "الآن" وأنت تقرأ مقالي، لتقول لنفسك يجب أن تعيش هذه اللحظة، حتى لا تضيع منك، مع منّ نريد وكيفما نريد بنبل؛ وليس كما يرغب الآخرون، فنحن السعوديون بالذات والعرب عامة تضيع ثلث أعمار حياتنا لأننا نعيشها كما يرغبها الآخرون لا كما نريد نحن، ولأن الأمس لن يعود، وغدا لا نعرف إن كنّا جزءا من أحداثه أم في عهدة النسيان!! مهم أن نعيش "الآن" كما نريد، فالحياة على الأرض واحدة لا ثاني لها.

لكن هذا لا يعني أن ما مضى يتم رميه في "سلة المهملات" وحرقه؛ وعن نفسي أطبق المبدأ الياباني المتمثل بأن علينا

الاستفادة جيدا من الماضي حتى من "نفاياتنا" فيه، بإعادة تدويرها وإنتاجها كمواد خام قابلة للتصنيع "الآن"، وكل تجربة فاشلة ما هي إلا خطوة باتجاه النجاح، فالفشل باختصار أشبه بـ"مضاد حيوي "يجعل من تجاربنا القادمة أكثر قوة ومقاومة، كما لا يعني أن لا نبالي بالمستقبل ونغوص في لحظة عبثية، تاركين "غدا" للأقدار كما تؤمن عقولنا أحيانا حتى باتت "الأقدار " شماعة المتكاسلين والمتخاذلين !! فـ"الآن" خطوة باتجاه الغد لإعداد العدة كي نعيشه، لكن ليس إلى درجة التعامي الذي يجعلنا مجرد "ماكينة" تنتج أوهاما نظنّ أنها أحلام، حتى تسرقنا؛ فالأوهام لمن لا يعرفها أكثر اللصوص مهارة في سرقة عقولنا وتخدير عواطفنا!! إنها تجعلنا في نوم مستمر؛ عكس الأحلام التي تقرصنا كي نستيقظ لتحقيقها.

يبدو أنها "سكة طويلة" كما يغنيها الصوت الشجي عبادي الجوهر، مع ذلك لا يمكننا أن ننسى بأن الزمن وحده لا يكذب؛ فهو لا يهبك مزيدا من الفرص "الآنية"، إنه يعبر دون أن يلتفت أو يكترث بنا وراء ظهره، ويكون قاسيا جدا حين يرسم علاماته على وجوهنا في المرآة، كي يذكرنا بعبوره من جوارنا، وبأننا لم نلقِ عليه تحية تليق به؛ هذه هي الحقيقة، وإن كان كثيرون الآن يجيدون الكذب على "المرآة" بما يجرونه من عمليات شد وتجميل رجالا ونساء، لكنهم لن يستطيعوا الكذب على "الزمن"، إذ سيستمر

بإخراج لسانه لهم كلما مروا يتلصصون عليه في وجوههم أمام المرآة !!

أخيرا؛ ما يزال " الآن" بين أيدينا كي نختار كيف نعيشه، وكما يقول بوذا المعلم الهندي الروحي:"لا تبقى في الماضي، ولا تحلم بالمستقبل؛ بل وجه عقلك الآن".

ما بين "المُفكرون " و "المُكفرون" مجرد "فكرة"
تفصل بين "التفكير" و"التكفير"!

رجال منقبون ونساء سافرات ؟!

هل يمكنني المزاح ؟!

سـأطرح اقتراحا "لذيذا": ماذا لو يتم إرسـال بعثات من رجالنا يوما واحدا فقط، ويا ليت يكون في "عزّ الصـيف" إلى أحد المجتمعات البدوية في شـــمال أفريقيا، ليجربوا الحياة الساخنة دون "أكسوجين" خلف النقاب أقصد اللثام!! خطر لي ذلك وأنا اســـترجع معلومات قرأتها منذ فترة طويلـة في تقرير بـأحد الصـــحف العربيـة عن مجتمع "الطوارق"، فـالرجـال في هـذا المجتمع تفرض عليهم الأعراف عدم كشـف الوجه نهائيا فيما نسـاؤهم سـافرات الوجوه، ويفعلون ذلك في أكثر المناطق تَصـــحُّرا!!! وهم مجموعة من البدو الرحل يعيشـون في الصـحراء الموزعة بشـــمال أفريقيا، تحديدا بين ليبيا والجزائر ومالي والنيجر وشـرق موريتانيا، وآراء كثيرة دارت حول سبب تسميتهم بالطوارق! هناك من أرجعها للقائد الإســـلامي طارق بن زياد فيما آخرون أرجعوها لكلمة بربرية "تماشـق" وتعني الرجال الأحرار كونهم محاربين أقوياء، الأهم أن الرحالة الأوربيين سموهم بـ"الرجال الزرق" نسبة للباسهم الأزرق الغالب عليهم.

و"الطوارق" لديهم أعراف اجتماعية تشـــبهنا تماما، ولكن بالمقلوب!! فما للرجال لدينا هو للنسـاء لديهم، والعكس، إذ

إن أعراف مجتمعهم التي تعود لجذور حضـارة إنسـانية موغلة في التاريخ تفرض على الرجل منذ بلوغه سـن الثامنة عشـرة عدم كشـف الوجه طوال عمره، فيضـرب على وجهه اللثام أسـود أو أزرق ، ويكاد يكون كشـفه لوجهه أو حتى سـقوط اللثام دون قصـد "فضـيحة " تُطيح بسـمعة الرجل في القبيلة، فلا يرى منه سـوى عينيه، حتى أثناء أكله أو شـربه عليه أن لا يكشـف وجهه أمام الناس، فيأكل ويشـرب من تحت اللثام تماما كالنسـاء المنقبات في الأمـاكن العامـة بمجتمعنا!! بل حتى أثنـاء النوم عليـه أن يبقي وجهه ملثما، والأخيرة تذكرني بأعراف بعض بقايا قبائل بدوية لدينا ممن يتزوج فيها الرجل من امرأة منقبة طيلة حياته معها، فلا يرى وجهها رغم أنه ينجب منها عشرة أبناء أو أُكثر !!

أعود للموضـوع، هنـاك من أرجع لثـام الرجـال لـدى "الطوارق "إلى أسـاطير قديمة، لكن أكثرهم رجح أنها عادة صـحراوية ترسـخت لديهم نتيجة اتقائهم رمال الصـحراء وسـمومها مع كثرة تحركهم وحروبهم التي فرضـت عليهم اللثام، وعلى عكس الرجال هناك النسـاء، إنهن سـافرات الوجه حاسـرات عن الرأس؛ والأكثر إثارة من ذلك أن نسـاءهم يحظين بمكانة الرجل لدى المجتمعات العربية، فيتاح لها التعليم أكثر من الرجل، وهي الآمرة الناهية؛ فالزوج يتبع زوجته أينما أرادت ويهاجر معها وأهلها ويسـكن مضـاربهم لا العكس، كمـا أن مجتمع

الطوارق يعطي المرأة حرية اختيارها لزوجها؛ وغالبا يكون من أبناء عمومتها، وكما أن رجالنا "الأفذاذ " يتفاخرون بتعدد الزوجات و"فحولتهم " في الإنجاب وطلاقهم أمام انكسار المرأة حين تعاني الطلاق، فالمرأة لدى الطوارق تفتخر بالطلاق، بل كلما كانت أكثر طلاقا وإنجابا وزواجا كان ذلك سبب فخر لها ولأسرتها!! ولهذا يعتبر مجتمعهم من المجتمعات "الأمومية" تبعا لنفوذ الأم وقوتها ويعود ذلك لجذور قديمة حافظوا عليها، على عكسنا تماما كوننا مجتمعات "ذكورية" مع الأسف.

أليست أعرافهم تشبهنا ولكن بالمقلوب!؟ وعودة للاقتراح؛ ما رأيكم !؟

كم من أبدان تُصلي وقلوبها لا تُصلي

نورٌ على نورٍ.. عظيمٌ يا الله

أن تؤمن بأن الله تعالى عظيمٌ.. لا يكفي لذلك أنك تعرف بوجوده وملائكته وأنبيائه وكتبه؛ ولا أن تعتكف خوفا من الموت وتولي ظهرك عن نصيبك في الحياة لأنك مؤمن باليوم الآخر.. أو أن تتواكل بأمرك عليه إيمانا بالقدر خيرا كان أو شرا دون عمل وسعي وكفاح.. ولا يكفيك تعبيرا لذلك أن تصلي وتُزكي وتصوم رمضان وأن تختم القرآن الكريم مرات فحسب..

أن تؤمن أن الله العزيز العلي عظيمٌ..

فهذا يعني أن تؤمن أنه نور على نور، فيُحيط بك في كل زمان ومكان.. في كل فعل وقول وإشارة.. في كل همسة وصوت.. في صحو ومنام وحُلم.. في فكرة وعمل ..

أن تحمله سبحانه في ضميرك أينما تولي وجهك.. أينما تذهب وتسكن.. أينما تأكل وتشرب وتجلس.. أن تؤمن أن الله يراك ويحيط بأمرك ظالما أو مظلوما.. فرحا أو حزينا.. ناصرا أو منصورا..

أن تراه في قلبك حين تبتسم للآخرين وتغضب منهم.. وتسمعه في كل ما تنطق به من لوم وعتاب أو تهذئة وسرور.

أن تؤمن بأنه تعالى عظيمٌ.. فهذا يعني أن تتأمل شؤون خلقه وضئيل كائناته وتتدبر عظيم قرآنه.. حين تمشي

وتســافر.. حتى حين تشــرب قهوتك في مقهى يملؤه العابرون والجالسون وتشعر بتلك المتعة في طعم قهوتك.. حلوة كانت أم مرّة.

أن تؤمن بأنه الواحد الأحد عظيمٌ.. فهذا يعني أن تؤمن بأن سعادة غيرك سعادتك ونجاحهم نجاحك.. أن حزنهم حزنك وفشلهم فشلك..

أن تؤمن بيقين أن رزقك ليس بضـائع مهما أضاعه لك خلقه.. كما لا يضــيع رزق النملة العمياء في عميق ترابه الذي لا يراه غيره..

أن تؤمن أن فوق كل جبار مُنتقم.. وأن الحياة فناء وفناء الإنسان كره الآخرين له..

أن تؤمن بأن الله العليّ عظيمٌ.. فهذا يعني أن ترى ضــوءه في كل ظلام يحف قدميك.. وتُبصــر رحمته في كل وجع يصــيبك.. وأن تدرك بأن الكلمة الطيبة ملكه قبل لسانك.. وأن جوف الليل صــدرٌ يتسـع لدعائك وندمك.. والنهار معاش ينتظر تعميرك وإبداعك ..

أن تؤمن بأنه القوي العليم عظيمٌ.. فهذا يعني أن تؤمن بأنه الحقُ.. تحبّ الناس جميعا ضــعيف خلقه قبل قويهم دون ريـاء ولو بـدعوة.. وتســعى للخير فيهم دون نفـاق ولو بابتسامة..

أن تؤمن بأنه اللطيف عظيمٌ.. فســيُعلمك تعالى أنك فعلت وآمنت ولن يبخل عليك.. كيف!؟

حين تُدرك أنك بين الناس محبوب مرغوب وقريب لقلوبهم ولسـانهم.. وأنه ناصرك دائما في بقاء قلبك ينبض بالحياة

فتزداد حبا للحياة بخلقه.. ويهبك من خيره ورحمته وعلمه كي تهبه لعباده؛ فيرقق قلبك لعجوز عابر كما ينبهك أن لا تؤذي نملة تقطع طريقك....

أخيرا؛ مهما كتبتُ كم نحتاج كي نعبر عن إيماننا بعظمة الله سبحانه في أفعالنا وأقوالنا وأفكارنا وعبادتنا؛ فسأبقى عاجزة..

الزمن لا يتغير.. إنما نحن من يتغير

الموسيقى.. صمتا !

أيمكن أن تولد الموسيقى من معضلة الصمت ؟! ولماذا لا ! ما دام (بيتهوفن) أبدع وألف أشهر موسيقاه من الصمت الذي آلمه كثيرا نتيجة إصابته بالصمم في بداية شبابه بعد مرض لحق بأذنيه، وكان سببا في إعاقته ومنعه من سماع ما أبدعته يداه على آلة البيانو والكمان من روائع الموسيقى العالمية، والتي كان يُنظر لها من أبناء عصره في نهايات القرن الثامن عشر وبدايات القرن التاسع عشر على أنها موسيقى مُعقدة، لكن تنبؤ أستاذه (موزارت) كان في محله حين قال عنه"انتبهوا إليه جيدا؛ لأنه سيجعل الدنيا كلها تتحدث عنه"،وهو ما حصل فعلا.

فمن يصدق أن (بيتهوفن) الذي أنجبته أسرة فقيرة وكان مصابا بالصرع ثم فقد أهم حاسة له كموسيقي؛ كان إحساسه وحده وسط الصمت هو من ساعده على الشعور بالنغمات من بين أنامله لتكون سيمفونياته، ثم نسأل مندهشين: كيف أنجبها هذا الموسيقي الأصم من رحم الصمت ؟! بعد أن دفعته إعاقته المتأخرة لعزلته وإلى التفكير مرات في الانتحار، معتبرا التحدي لهذه الإعاقة كبيرا؛ لا يقاوم، وأن حياته الموسيقية انتهت، لكنه قاوم الانتحار والفشل بحبه للموسيقى حتى ترك ميراثا عالميا أنجبه من الصمت !!

لقد خطر لي (بيتهوفن) وتحدياته لإعاقته حين لمحتُ في إحدى الصحف المحلية على صفحتها الرئيسة ذات مرة، صورة لمجموعة من الدعاة خلال محاضرة دعوية وهم يحملون آلات موسيقية تتمثل في العود والجيتار معلنين تحطيمها، فيما نشرت ذات الجريدة باليوم نفسه وصحف أخرى خبرا عن لقاء الفنان محمد عبده ليلا بجمهوره المتعطش لصوته وأغنياته بعد أن نجح لقاؤه مع جمهوره في الأردن بما يتزامن مع الخبر، ولكن فيما يبدو تأتي الرياح بما لا تشتهي السفن !! فقد فشلت الحفلة الغنائية بسبب المشاكل التي قرأنا عنها بين محمد عبده والمتعهد بقيام الحفل، وذهب جمهوره متذمرا واندفع بعضهم غاضبا إلى المسرح، شاعرا أنه خُدع بعد أن دفع ما دفعه مقابل تذاكر بيعت لهم، ولكن بغض النظر عمّن أفسد الحفل الغنائي، ومن المسؤول عنه !؟، فإن المفارقة فيما بين الخبرين، مثل أمامي ما تعانيه الموسيقى والغناء لدينا من تحديات بيئة اجتماعية مصابة بالإعاقة تقنيا وفنيا وفكريا، كحال تحديات (بتهوفن) مع إعاقة الصمم، مع ذلك أنجبت هذه البيئة رغم تحدياتها، طلال مداح ومحمد عبده وابتسام لطفي وعبادي الجوهر وغازي علي وسراج عمر وراشد الماجد وآخرين ممن أصبحوا منافسين أقوياء لخليجيين وعرب نعموا ببيئة مستفزة للإبداع.

هو: تحبينني ؟!

هي : طبعا

سألها : قد إيه ؟؟

أجابت: قد عيون النملة ؟

هو: عيون النملة !!!

هي: وهل ترى النملة دون عينين.. أنا مثلها لا أرى الحياة
دونك

لو رأوني أمشي على "التايمز" !!

"إذا كان هدفك أن تُعجب الناس فسوف تكون مستعدا للمساومة على أي شيء في أي وقت، ولن تُحقق شيئا" المقولة الشهيرة للراحلة "مارجريت تاتشر" المعروفة بكونها أول رئيسة وزراء لبريطانيا؛ ولولا إيمانها بهذا الاعتقاد لكانت التفتت لكلام "الإنجليز" أقصد الناس في مجتمعها حين كان عهدها لا يختلف كثيرا عن عهدنا ومجتمعنا العربي الآن؛ ولما وصلت ابنة البقال الفقير إلى قصر الحكم البريطاني رئيسة وزراء عبر ثلاث تجارب انتخابية من (1979م) إلى(1990م)؛ رغم قسوة سياستها التي عُرفت بها آن ذاك، وصعوبة الظروف التي حكمت فيها؛ وشدة النقد والصحافة اللاذعة معها خاصة من بقايا الذكوريين ممن حاولوا التقليل من شأنها السياسي لكونها امرأة؛ فيما اتخذته من قرارات رئاسية صادمة جعل بعضهم يلقبونها بـ"الساحرة" والساحرة هنا بمعناها المكروه لدى الإنجليز، إلا أنه فيما يبدو حصد البريطانيون حيوية قراراتها وعرفوا قيمتها وحكمتها بعد أن تركت منصبها ، وهم حتى الآن يجنون ثمرتها اقتصاديا وعلميا واجتماعيا.

ما أود قوله ببساطة؛ إن هناك ممن ليس لديهم مبدأ ولا موقف مما يجري حولهم، خاصة بعض المسؤولين

والمحسوبين على النخب الفكرية والثقافية وحتى الدينية، هؤلاء ينتمون إلى تيارات يدندنون خلفها أو يرددون ما يقوله لهم الجمهور في لحظة حماسة عاطفية دون وعي أو محاولة لقراءة ما يحدث في لحظة تفكير عميقة، وبعضهم تجدهم يردون للناس بضاعتهم التي كانوا يلوكونها في مجالسهم وشوارعهم، ليكون ممن ينطبق عليهم القول"مع الخيل يا شقرا" إما لأنه ليس لديهم الوقت للتفكير أو ليس لديهم القدرة على التفكير، وتفضحهم كثرة الأحداث التي تكون متشابهة أحيانا سياسيا واجتماعيا وفكريا، وتجعلك ترى بوضوح تناقضاتهم بين حدث وآخر؛ لكنه مع الأسف "يفضح نفسه بنفسه"، فتجده مثلا يرفض الطائفية وما أن يأتي حدثا يتعلق بها تراه يتقيأ الطائفية فيما يتناوله، فقط ليكون مع الجمهور العريض الذي سيكتسب منه شعبيته أو مع التيار الذي ينتمي ويكفل له تحقيق مصالحه !! بل يكفي أن نرى من طبلوا لـ"الربيع العربي" وثورات المجتمعات العربية التي اندلعت عام (2011م) وإن حاولوا أن يغيروا مواقفهم مع اجترار الأحداث بين جغرافية وأخرى بشيء من الدبلوماسية لكنهم مع الأسف كشفت تلك الأحداث على أنهم مجرد " مطبلين " لعواطف الناس.

هؤلاء كما قالت (تاتتشر) ممن يُحابون ويجاملون على حساب مصالح العامة ومستقبلهم، ويلتفتون لما يقوله الناس، ويهمهم رضاهم، وأن يمتدحوهم ولا ينتقدوهم، في نهاية المطاف لن يكسبوا شيئا؛ ربما كسبوا شيئا من الشعبية لكنها تشبه كثيرا "فقاعة الصابون" التي ترتفع في الفضاء وفجأة

تصبح لا شيء وتتلاشى، فيا ليتهم يستوعبون "أن رضا الناس غاية لا تُدرك" وأنه مهما حاول فسيخسر "ضميره" لأنه يساوم على أي شيء لكونه بلا مبدأ، وليس أبلغ هنا مما قالته تاتشر وأؤمن به جدا وهو :"لو رآني نُقادي أسير فوق مياه التايمز لقالوا أنني أفعل ذلك، لأنني لا أجيد السباحة".

ستبقى الحياة جميلة و ممتعة.. بك أو بدونك..

ليستْ كثوبٍ أبيض وعباءةٍ سوداء!

لماذا في مجتمعنا ما يزال فيه المثقف محل محاكمة مستمرة في عقيدته بسبب مواقفه من الحياة أو إبداعاته الأدبية أو مؤلفاته الفكرية وآرائه الدينية!؟ ألا يكفيه ما يعانيه من تهميش يصل أحيانا للقمة عيشه ضريبة آرائه، بل ونبذ يصل لأن يقصيه من فرص عملية يستحقها مثله مثل غيره! حتى حين يموت ويصبح بين يد الرحمن، يظل ملاحقا في مجتمعنا!! وتبقى عقيدته لا نتاجه محل تشكيك مستمر، ومتاجرة إعلامية يتكسب بعضهم شهرته منها! بل هناك من يجرؤ على تجاوز صلاحياته كمخلوق، ولا يتردد بتصفيته من ملّة التوحيد، وإخراجه من جنة عرضها السموات والأرض! وتراه على الفضائيات والمواقع الإلكترونية يزعم أن هذا ملحد وذاك علماني كافر !!

ألم يتعلم هؤلاء من دينهم العظيم أن للأموات حُرمتهم!؟ ألم يفهموا لماذا الرسول عليه الصلاة والسلام، وقف حين مرّت من أمامه جنازة يهودي !! لماذا لا يناقشون الأفكار بعيدا عن التطفل في عقيدة محلها القلب، تلك المضغة التي لا يعلم سرها سوى خالقها!! ولعلّي أذكر هنا الحديث النبوي الشريف؛ حين حمل رجل على رجل؛ فقال له: إني مسلم؛ لكنه قتله؛ فبلغ ذلك الرسول صلى الله عليه وسلم، فقال "قتلته

وهو يقول: إني مسلم ؟ قال :يا رسول الله؛ إنما قال ذلك بلسانه ولم يكن في قلبه؛ فقال له عليه الصلاة والسلام:"فهلا شققت عن قلبه ؟!!"

مع الأسف، مستوى الوعي لدينا متواضع، الوعي الذي أقصده هو الفهم بفرض الإدراك في ظلّ بحور المعرفة التي تغزونا من كل حدب وصوب، فكثيرون بيننا ما يزالون سجناء في عقول غيرهم ويتبعونهم فكريا دون محاولة فهم لماذا يتبعون آراءهم تحديدا!!

وكثيرون لا يقرؤون لهذا الكاتب وذاك المفكر، وتجدهم ببساطة يتبجحون بآراء ضده هنا وهناك مؤكدين أنه ملحد وآخر علماني!! وهو لم يقرأ حرفا له، وإنما سمع أو قيل له فردد كـ"الببغاء" ذلك الكلام!! يأتي ذلك رغم هذا الكم الكبير من حملة شهادات الدكتوراه والماجستير التي يحملها كثيرون اليوم، ورغم التعليم الجامعي الذي يتمتع أكثرية المجتمع به !! ورغم الحوار الوطني الذي دشنه خادم الحرمين الشريفين منذ ما يزيد عن عشر سنوات لترسيخ التعددية واحترام التوجهات الفكرية تعزيزا للتعايش دون تصفيات دينية وفكرية !

أتذكر أن مرة قد اثير جدلااجتماعيا حول موقف نادي القصيم الأدبي من ورقتين كانتا ستناقشان تحولات فكرية عند الروائي عبدالرحمن منيف، والمفكر عبدالله القصيمي ـ رحمهما الله ـ وقد أظهر على السطح أن بيننا كُثر ممن يظن الثقافة والأدب والفكر في مجتمعنا مثلها مثل الزي الرسمي"الثوب الأبيض والعباءة السوداء" نصبح بهما

نسخة واحدة ومكررة من بعضنا، ومن يخرج عنهما يصبح خارج النص أو نقطة هاربة تستحق المطاردة بتهم غير منطقية وتغريبية!

بصدق أقول لهؤلاء : متى تدركون أن الثقافة متباينة والمعرفة بحر متعددة الوجوه، ولا يمكن فرض نسخة واحدة يرتديها الجميع، كما يرتدون الثوب الأبيض والعباءة السوداء ؟!

ما أعظم الحبّ.. !!

حيـن يُحبّـك عِـطرُك..

"أن تعبد الله كأنك تراه؛ فإن لم تكن تراه فإنه يراك" هو تعريف "الإحسان" في الأثر النبوي الشريف؛ أحد مراتب الدين الثلاث وأعلاها؛ بعد الإسلام ثم الإيمان؛ وحفظناه منذ كنّا في المدارس صغارا دون أن يجد طريقة ما نحوله فيها إلى أفعالنا وأخلاقنا وتفكيرنا، وأتذكر جيدا شروحات معلمات الدين وحتى يومنا تحتاج معظمهن وزملاؤهن في مدارس البنين إلى إعادة تأهيل في فهم الشريعة الإسلامية، حين توقفوا إلى أن الإحسان خشوع في عبادات الصلاة والصوم، وعدد مرات ختم القرآن الكريم وحج وزكاة، دون أن تتسلل أخلاقيات هذه العبادات إلى تصرفاتنا وحياتنا ونمط تفكيرنا، ولهذا معظمنا يُعاني من "شيزوفرينا" أو "فُصام" بين ما نُنظر له من أخلاقيات ونراقبه في الآخرين وما نمارسه من سلوكيات ! إنه كالواقع الذي تجد فيه الأم مثلا تضرب طفلها لأنه كذب عليها ، وفي اللحظة ذاتها تجعله يرد على الهاتف ليخبر صديقتها بأنها "نائمة" كونها تتابع مسلسلها المفضل !

أحاول هنا، أن أخرج الإحسان من دائرته الضيقة، وأراه كما "الصلاة" علاقة تجعل تصرفاتك وأخلاقك في صلة مباشر مع الله تعالى خلال يومك وأيامك، "صلاة" تمارسها في سلوكياتك تتوطد حين تُمعن في الإحساس برحمة الله

وجماله وجلاله وعظمته في كل التفاصيل التي تحيط بنا ونتخذ منها موقفا، حتى حين ترتدي ملابسك، وترش شيئا من عطرك على جسدك، ليس لِيُعجب بمظهرك الناس، أو لأنه مظهر اجتماعي لا بد منه؛ بل لأن نفسك وجسدك يستحقان الإحسان منك عليهما، تقديرا لنعمة الحياة والجمال حين أبدعك الخالق.

الإحسان يجعلك تقود سيارتك في الطريق العام، وتُحسن القيادة، فلا تؤذي من جاورك بسخط أو شتم وكأنه ملكية خاصة، أن تُحسن أداء وظيفتك ليس خوفا من فصل أو خصم أو رغبة في علاوة، بل لأن ذلك مهمتك في الحياة لتعمير الأرض الذي استخلفك عليها من وهبك حياتك، الإحسان أن تسقي زرعة حرقتها الشمس، وتضع صحنا صغيرا على نافذتك كي تسقي حمامة قد تمر أو لا تمر بنافذة شقتك؛ الإحسان أن تميط الأذى عن الطريق خشية مضايقة عابرين خلفك ولو كان مجرد "نملة" تذب عن رزقها في الأرض، أن تُحسن في أهل بيتك حتى يكون سائقك وخادمتك مثلهم في المرتبة عطفا وكرما، أن تُحسن لزملائك والناس في غيابهم قبل حضورهم على اختلاف مذاهبهم وأديانهم وأعراقهم ضعيفهم قبل قويهم، أن تحسن في كلامك مع الآخرين إحسانا للسانك قبل الآخرين، وفي فعلك لأنك تملك القدرة على الآخرين، ويكون عالمك الافتراضي كما واقعك ولو باسم مستعار.

باختصار، الإحسان يكاد يكون رؤية كل ما يصدر من سلوكيات ومعاملات ليست واجبا دينيا أو أخلاقيا أو قانونيا

بل كما "الصلاة" علاقة مباشرة ومستمرة مع الخالق، تجعل العطاء نابعا من القلب ودا ومحبة وطمعا، لكي يكون من المحسنين الذين يحبهم ربّ الكون، فيحبّه خلقه وكائناته ويحسنون له، حتى ذلك العطر الذي يرشه على جسده سيحبّه.

العاطفة حين تغلب العقلانية..
تُعطل العقل وتُشعل التعصب !!

تعرفون "القرود" الخمسة.. ؟!

حكاية ظريفة حول القرود الخمسة هي باختصار: إن مجموعة من العلماء قاموا بوضع خمسة قرود في قفص واحد، ووسط القفص سُلَّم، وأعلى السُلَّم وضعوا بعض الموز؛ وفي كل مرة يصعد أحد القرود الخمسة لأخذ الموز، يقوم العلماء برش الأربعة الباقين بالماء البارد، وبعد فترة بسيطة من تكرار الأمر؛ أصبح كل قرد يصعد لأخذ الموز يقوم الأربعة الباقون بضربه وشده ومنعه من الصعود، خشية الماء البارد، وبعد فترة بسيطة لم يعد أي قرد من الخمسة بمحاولة الصعود، رغم جوعهم للموز الموجود بأعلى السلم، خوفا من الضرب والماء البارد، ثم قام العلماء بتبديل أحد القرود الخمسة بقرد جديد، وأول ما قام به محاولته الصعود كي يأخذ الموز، فشده القرود الأربعة القدماء وقاموا بضربه ومنعه من الصعود، وكلما حاول قاموا بضربه؛ حتى استسلم لهم، ولم يعد يحاول الصعود خوفا من ضربهم دون أن يفهم لماذا؟!

بعد ذلك قام العلماء بتبديل قرد ثانٍ من القدماء بآخر جديد، وفعل الأمر نفسه، إذ حاول الصعود لأخذ الموز فوجد "علقة ساخنة"من القرود القدماء الثلاثة والمفاجأة أن القرد الجديد السابق له شاركهم في ضربه ومنعه، دون أن يعرف لماذا يضرب زميله الجديد أو يفهم سبب منعه من الصعود!!

115

وهكذا استبدل العلماء كل مرة قردا قديما بآخر جديد، ويحصل الأمر نفسه، حتى تم استبدال آخر قرد قديم بجديد، وحين دخل القفص وهمّ بالصعود لأخذ الموز، نزل عليه القرود الأربعة الجدد بالضرب وفورا أنزلوه ومنعوه من أخذ الموز، رغم أنهم لم يعرفوا بقصة الماء البارد أو لماذا كانوا يُضربون ويُمنعون من أخذ الموز!! هكذا حرموا أنفسهم من الموز ونال كُلّ منهم علقة ساخنة كلما حاول الصعود!! وأصبحت المجموعة التي أخذت هذه العادة من القرود القدماء يفعلون ذلك لا إراديا وتلقائيا دون معرفة لماذا !

أظنّ أن القصة واضحة جدا؛ وكما يقول الكاتب الإنجليزي (فرانك كلارك): "العادة شيء يمكنك فعله دون تفكير"؛ وهذا هو السبب في أن معظمنا عنده الكثير من العادات !!" فهناك من يمارس عادات لا تأتي عليه بمنفعة؛ لكنه جاء ووجد السابقين يفعلونها، دون أن يفهم لماذا فعلوا ذلك أو ما هي الظروف التي أجبرتهم على تلك المواقف!؟ وهناك آخرون يتخذون موقفا معارضا من أمور وقضايا يعرف أنه يحتاج إليها؛ لكنه يعارضها من باب تبني مواقف الآخرين وتجاربهم ممن استسلم لهم!! بمعنى مجرد تقليد أعمى!! والمشكلة أن بعض هؤلاء ممن يمنعون أنفسهم من الفهم، واستسلموا لمواقف آخرين، أو عادات قدماء، يجهلون لماذا يمارسونها، رغم أنها تسلبهم حاجاتهم، يأتون ويمارسون الوصاية على من يحاول كسر هذا الجمود والروتين بالتجربة الجديدة، وتراهم يشاركون في حفلة "الشتائم

والتصنيفات والتحريض والإيذاء" ضده وهم يجهلون لماذا يفعلون ذلك !!

يبدو أنّ الفيلسوف الإنجليزي (جون ستيوارت) قد صدق حين قال:"من يسمح للعالم أو ما يخصه منه بأن يختار له الخطة التي تُسيّر عليها حياته، فلا يحتاج إلا لملكة التقليد التي لدى القرود "!!

الرحمةُ قلبُ الجمال..

أيها الجَمال.. من رآك ؟!

أحيانا نحتاج إلى ذاك العمق في فهم المعاني التي تُشــكل تفكيرنا ورؤيتنا للآخرين والأشياء في محيطنا، و ـــ مع الأسـف ـــ حولت ثقافتنا الاجتماعية الاستهلاكية بجانب الوعي غير الناضــج قيمة الجمال إلى مجرد قشــرة تعبر أمامنا سـريعا، أحيانا يظن بعضـهم أنه كلما دفع الكثير من المال في شـيء ما كان بمثابة الأجمل، فهو جميل بقدر ما يكون ثمنه وليس العكس، لكن مفردة "الجمـال" ليسـت مجرد أربع حروف، إنها عميقة جدا حين نتأملها، بل شكّل هذا المصطلح أحد العلوم الفلسفية المُسمّى بـ(علم الجمال) تولدت عنه نظريات وكونت بعلمائها اتجاهات كان لها تـأثيرهـا في الآداب والفنون والعلوم، وأرادت كـل منهـا فرض حدود وتصـور للجمـال في اتجاه معين نتيجة تأثرها برؤى فلسفية نبعت من اعتبارات اجتماعية واقعية أو فنية، وأدى إلى انقسام فلاسفة الجمال إلى فريقين؛ أحدهما ينظر للجمال نظرة مثالية، والآخر نظرة واقعية،.

هكذا وجدنا مذهبين شهيرين؛ الأول (الفن للفن) والآخر (الفن للحياة).

إننا حين نتعمق أكثر في معنى الجمـال لغويـا عبر معجم لسـان العرب والمعجم الوسـيط؛ فإنه يعني البهاء والحُسن والزينة، وقال فيه ابن سيدة: الجمَال يعني الحُسن في الفعل

والخُلق، وجَمَّلَه أي زيَّنه، وامرأة جميلة أي :حسـناء، فيما يُطلق على الرجل صـفة وسـيم؛ والجمال عند الفلاسـفة: صفة تلحظ في الأشياء، وتبعث في النفس سرورا ورضا، وعلم الجمـال من أبواب الفلسـفة الذي يبحث في قيمـة الجمال، ومقاييسـه، ونظرياته، وهو علم محكوم بقوانين تطور الحياة والإنسـان والفن، ويعود ظهور مضمونه إلى نحو (2500) عام مضت في بابل ومصر والهند والصين، وتطور تطورا كبيرا في العهد الإغريقي، فنحن نراه في أعمـال (هيرقليطس وسـقراط وأفلاطون وأرسـطو) وغيرهم، وأيضـا في روما القديمة في أعمال (هوراس)، كما تطور في عهد فلاسفة عصر النهضة، وعصر التنوير وصولا للعصر الحديث.

والمتأمل في تاريخ علم الجمال لا يجد سـوى صـراع بين المـادية والمثـالية،يعكس النضـال بين طبقات المجتمع، فالمثاليون يعتبرون الظواهر الجمالية ذات منشـأ روحي، والماديون يسـعون إلى البحث عن أسـاس واقعي في حياة الإنسـان، وعلم الجمال أشـبه ما يكون بعلم مهمته حل مشـكلة علاقة الوعي الجمالي بالوجود الاجتماعي والحياة الإنسانية.

إن فلسفة الجمال تدور حول تصوره في أوسع فضاءات معانيه، وليسـت مقصـورة على القيمة الجمالية وحدها، بل تشـمل الجميَل والمضـحك والمحزن والجليل والحسـن والمقبول والمذهل والمفزع والبشـع والمدهش، جميع هذه الألوان تعتبر جميلة ما دامت تُثير في أنفسنا مشاعر حسية

تجاه شيء ما بالرضا، وحول هذه النقطة تقع دائماًاختلافتنا بحسب تذوقنا.

ولعلّي أتذكر هنا قول سيدنا الإمام علي بن أبي طالب، رضوان الله عليه :

ليس الجمال بأثواب تزيننا...
إن الجمال جمال العلم والأدبز

فيما تستوقفني دائما مقولة الأديب والفيلسوف (غوتة): "يُمكنك أن تصنع الجمال حتى من الحجارة التي تُوضع لك عثرة في الطريق " ، إنها عبارة بسيطة وعميقة، فكلٌّ منّا يعيش تجربته الجمالية وفق ما يمتلكه من إحساس وتراكمات معرفية إنسانية واجتماعية، والأشياء الجميلة عند معظم الفلاسفة محسوسة تصل إلينا عن طريق الحواس، والفنون الجميلة بأنواعها نحو الموسيقى واللوحة والتمثال وأعمال المعمار وغيرها أشياء خارجية ندركها بحواسنا، حتى الشعر والأدب فنون تستعمل الخيال وتربطنا بالجمال خلال صورة مُتخيلة، ولعلي أذكر قولا منقولا عن الفيلسوف (كانط):"إن الفن ليس تمثيلا لشيء جميل بقدر ما هو تمثيل جميل لشيء ما".

ومع أن الفن إدراك داخلي إلا أن بعضهم يصرّ على تأكيد الناحية الحسيّة في الجمال؛ كون الصورة المتخيلة في الحقيقة صورة لشيء ما في الخارج، و ذهاب بعضهم إلى كون كافة أنواع الجمال لا يُدرك إلا من خلال مدركات

121

حسية مادية أمر قد لا أتفق معه كثيرا، خاصـة فيما يتعلق بالجمـال المرتبط بـالآداب؛ لأنهـا لا تُدرك إلا داخليا في بداية أمرها عبر استعمال الخيال، كي يتم الشعور بالتجربة الجمالية، وهي مثلها مثل بعض المعاني الإنسـانية نحو الأخلاق والقيم النبيلة، بل حتى الظواهر الجمالية لا تُدرك أول مرة إلا داخليا حين نتلقاها؛ وعموما فإن إدراك الجمال متصل بمستوى المعرفة والتطور الإنساني، وليس عاطفة مجردة أو عملا إراديا، كما أن العاطفة التي يثيرها الجمال في نفوسنا هي جزء مهم من ردة فعل روحية تجاه الأشياء الجميلة.

ولكن ليس الشـيء جميلا لأنـه أثر في عاطفتنـا، وإنما عواطفنا تتأثر بالشيء الجميل، والتجربة الجمالية كثيرا ما تُوصف بأنها شعور، والشعور يختلف عن العاطفة، كونه عملا إدراكيا، نحو شعورنا تجاه شخص ما بأنه صادق أو لا، هذا نوع من المعرفة وفق تجربة مررنا بها مع هذا الشـخص، عكس عاطفة الأم تجاه ابنها، وعاطفة الحب تجاه شـخص ما، هذه العاطفة تتخلى أحيانا عن الوعي، وتتعامى عن العيوب، لما يمتلك عواطفنا بشكل نحتار فيه: لماذا أحببناه!؟.

وأعود للشـعور كونـه لونـا من ألوان الوعي المعرفي، والشعور بالجمال من هذا النوع بحسب ـــ وجهة نظري ـ كما أن إدراك الجمال ليس إدراكا حسـيا فقط، لأنه لو كان كذلك لكان إدراك الجمال متوقفا على الحواس، ولو كان لاتفق الناس جميعهم على الشـيء الجميل ولم يختلفوا فيه؛

وما يحصل هو الاختلاف، والتفاوت في نسبة جمال الشيء بين شخص وآخر؛ما يؤكد أن مسألة الجمال لا تتوقف عند حدود تلقي الحواس التي قد تكون غير سليمة أحيانا، بل هي مزيج عضوي من الإدراك المعرفي والحسي معا.

وكما يقول إيليا أبو ماضي :

والذي نفسهُ بغير جمال لا يرى في الوجود شيئا جميلا

هكذا، فإن كلمة (جميل) تعكس واقعا لشيء يمنح الإنسان إحساسا بالمتعة والرضا واللذة الجمالية، وعلم الجمال الحسي ينطلق من حقيقة أن الجميل هو نتاج لممارسة اجتماعية وتراكم تاريخي ومعرفي تعزز قيما جمالية تُكوّن المفهوم الجمعي، فهو يظهر إلى حيّز الوجود، ويتطور عندما يحقق الإنسان وجوده ككائن اجتماعي، ويكتسب الشيء صفة الجميل في الحياة وفي الفن حين يمنح اللذة الوجدانية التي تختلف معاييرها من مجتمع لآخر بحسب اختلاف قيمه وتفكيره ومستوى تطور المعرفة فيه.

ولكن حين نقول"تجربة جمالية" فهي التي تتكشف في قلب المتأمل والتدبر، إنها تجربة الشعور الذي يتولد أمام الجميل، إلا أن أي شعور يتولد لدى الإنسان هو وليد الحاجة، ولذلك يرى عدد من النفسانيين أن الشعور الجمالي تجربة تحقيق رمزية لرغباتنا واحتياجاتنا، فقد يشكل الفن مثلا لغة سريّة تخاطب اللاوعي في الإنسان، أو غرائزنا التي تقبع في الظلمة أو المكبوتة ليكون شيئا ما جميلاكأيقونة لانفعالنا إزائه، لهذا قد يثير شيء ما

123

شعورنالكنه ليس بجميل أو يعتبر ضحلا ومتواضع القيمة إلا أنه يلبي حاجة ما، وقد يكون الشيء النافع جميلا أيضا إذا توجهت حاجة الفرد إليه، وبالتالي قيمته الجمالية تتمثل في قيمته النفعية فحسب؛ فيما قد يعجب الإنسان بشيء جميل لصفة جمالية ذاتية فيه، دون أن يدخل في هذا الإعجاب فائدته ونفعه، وهنا يكون الجمال ذاتيا؛ ويُصبح تلبية لحاجة روحية خالصة.

وكما هناك فرق بين النافع والجميل، هناك فرق بين الجميل واللذيذ الذي يصل إلى الإنسان عن طريق التذوق والشم كالأطعمة والروائح، فهذه الأشياء لا يطلق عليها صفة الجمال بل يُقال عنها طيبة، وينطبق الأمر نفسه فيما يتصف بالخير أو الحق أو الفضيلة ويتم وصفه بالجميل، والجمال هنا لم ينبع من ذاتية الشيء، إنما لأن فيه خيرا أو هو حق أو فضيلة، لكننا نتوهم جماله؛ نحو ما يوجد لدى بعض الناظمين للشعر مثلا أو كتاب الروايات والقصص ممن يتحدثون عن قضايا أخلاقية نبيلة وعن الفضيلة، رغم رداءة الصياغة الشعرية أو السردية، لكن هناك من يصفه بالجميل وقد تعلو قيمة الشاعر أو الروائي نتيجة ذلك رغم ضعف تجربته الأدبية.

هناك أمر آخر مهم؛ هو أن التجربة الجمالية موثوقة الصلة بتطور البشر، هذه الصلة تنهض على مستوى تطورهم العملي والاجتماعي والفكري والروحي؛ إنها تقوى وتضعف تبعا لذلك؛ فكلما ضعف المستوى التعليمي مثلا ضعف الوعي المعرفي، وبالتالي ضعفت الذائقة الجماليةبل

وضعف الإحساس بالقيم الجمالية في الأشياء، فالجمال ثمرة لمستوى هذا التطور والارتقاء؛ وكلما تخلف المجتمع معرفيا، كلما نحت التجربة الجمالية فيه إلى التواضع والضعف؛ حتى تصبح صفة الجمال مجرد قشرة خارجية لا أقل ولا أكثر؛ و يقول الفيلسوف الإنجليزي (ديفد هيوم):"الجمال ليس خاصة في ذات الأشياء، بل في العقل الذي يتأملها".

فالمرأة تُعتبر جميلة عند قبائل التبت كلما كانت طويلة الرقبة، ما أدى ببعضهم لوضع حلقات معدنية في أعناق الصغيرات لشدها منذ ولادتها كي تطول، وببعض المناطق الإفريقية يعتبرون الشقوق التي يقومون بها في وجوه النساء من علامات الجمال، وفي موريتانيا المرأة السمينة هي الأجمل لهذا بعضهم يسمنون الصغيرات، وبعيدا عن التعميم، ففي حين يشترط الرجل الخليجي الجمال في بياض اللون ونعومة الشعر ورشاقة الجسد فيمن سيتزوجها، فالرجل في الثقافة الغربية يتجاوز الخارج إلى الإحساس بالجماليات داخل المرأة التي سيتزوجها، فتجد رجلا أبيض يتزوج من امرأة سمراء اللون أو من ذوي الاحتياجات الخاصة أو غير جميلة الملامح وفق تقييمنا الشكلي المعتاد، والعكس يحصل أيضا.

ولذلك تختلف معايير المرأة الجميلة من مجتمع لآخر وفق تطور تجربته الإنسانية والمعرفية، وليس هذا سوى أمثلة للتقريب، وما أعنيه هو الجمال بمختلف أشكاله في المرأة

والرجل ومناحي الحياة؛ خاصة في صناعة الفنون بأطيافها والآداب التي لها تأثيرها في بناء الذائقة المجتمعية، فأن ترى نحتا لمجموعة تماثيل من النساء على بوابة متحف أو تمثال شخصية ما في ميدان يُعتبر "جميلا" وفق قيمهم الاجتماعية، فيما بعض من المسلمين يجده عكس ذلك لأنه يُؤمن بمبدأ تحريم نحت الأرواح، فالمبادئ والقيم والتقاليد الاجتماعية بدورها لها تأثيرها في تحديد معايير الجمال وتذوقه وصناعته من عدمه، بل في مدى تطوير الذائقة الجمالية أو تخلفها، وكما أشرت سابقا أن الوعي الجمالي على علاقة وطيدة بمستوى تطور المجتمع المعرفي وطريقة تفكيره، وكلما تطور معرفيا تطورت تجربته الجمالية وقدرته على الإحساس الجمالي، وكلما تخلف معرفيا تخلفت هذه الذائقة ونحت نحو السطحية.

والثقافة الاستهلاكية التي نعيشها واعتمادها على القيمة المادية أكثر من القيمة المعنوية هي من العوامل السلبية التي أدت إلى هبوط ذائقة الجمال المجتمعية وضعف القدرة على الإحساس به، ومع الأسف فإن الإعلام العربي أساس مؤثر في هذا التلوث، فهو استهلاكي ترفيهي ليس من أهدافه رفع وعي وإحساس المتلقي الجمالي سمعيا وبصريا وحتى إنسانيا، بل سحب أكبر قدر من نقوده، فنجده يُصدِّر لنا نجوما إعلاميين وفنيين من صناعة عمليات وغرف التجميل، يستعرض أشكالهم دون الاهتمام بما هو جوهري يمس الكفاءة والمهارة، وكلما كان هذا النجم فجا فارغا بات تصديره أكثر لكونه سيجلب نسبة

مشــاهدة أكبر لتســويق إعلاناته، هذا بدوره نحا بالذائقة الجمالية إلى الضـعف، و أصـابنا بتلوث بصري وسمعي؛ في ظلّ تعطيل العقل لاستنطاق معانيه.

ومع الأسف لجوء كثيرين رجالا ونساء إلى غرف عمليات التجميل اليوم يؤكد كيف بات الجمال شـكليا أكثر من كونه جوهريا، خاصـــة وأنه بات القبول الوظيفي يعتمد هذا الشــــكل دون اهتمام بكفاءتك ومهارتك!! ما يؤكد مدى تدهور الإحساس بالظواهر الجمالية الإنسانية في حياتنا.

وهؤلاء ممن يتبعون هذا النهج في تذوق الجمال، يتناسون مقولة شهيرة لـ(أرسطو) أذكرهم بها ختاما :"الذكاء يُحوّل القبح جمالا في حين لا يستطيع الجمال إصلاح الجهل".

127

المجتمعات المُفلسة ليست تلك التي يُعرف عن خزائنها الإفلاس من مال وذهب بل التي تعجز عن إنتاج فيلسوف ولو واحد..

سكة طويلة.. وتبقى الحياة !

"الحياة" تبدو أمام أعيننا وكأنها "سكة طويلة.. طويلة " وكم تُشبه في حالها تلك الكلمات التي صبّها في ذاكرتنا بصوته الشجي الفنان النبيل عبادي الجوهر، ولكنها عكس ما تبدو في كثير من الأحيان فهي وببساطة "مجرد ومضة" تخطفنا ولا نشعر بها إلا وقد انتهت في لحظة، ونترك معها ذلك الجسد الذي لطالما اهتممنا به وعالجنا جروحه وأمراضه خشية الألم، نتركه عار بلا قدرة على ستره ! والآخرون يُقلبوننا ذات اليمين وذات الشمال، ثم يضعون لنا شيئا من الطيب المعطر، خشية رائحة "عفن" كنّا يوما "نتقزز " منه ! ثم يغادرون بنا على قطعة خشب رخيصة جدا، بعد أن غادرنا كل أشيائنا الثمينة التي ركضنا كي نمتلكها، وتركناها دون حماية، وتصبح معها أسرارنا دوننا عارية مكشوفة وفي أيدي أناس ربما يعجزون عن كتمانها، ونعجز نحن عن قولنا لهم "هذه الأسرار أمانة لديكم"

وهكذا يتخلصون منّا ويغرسوننا في باطن الأرض كما البذور.. حيث سكان آخرون يجاوروننا، كنّا نخشى المرور بجوارهم ليلا.. وكائنات أخرى تكون "أجسادنا" سببا في استمرار حياتها.. ! ونكون "ذكرى" لمن أحبونا يحنون إلينا و"عبرة" لآخرين لا يعرفوننا !

كانت هذه الخواطر في رأسي فيما أتأمل حسابات بعض الأشخاص على "تويتر" كانوا قد غادروا الحياة، وتركوا ما كتبته أيديهم أمام أعين الجميع، عاجزين عن مسح تغريدات ربما رغبوا بمسحها بعد رحيلهم، إنه شعور ندركه تماما حين نتأمل رحيل من حولنا، ربما كنّا قبل قليل نتحدث معهم أو بالأمس نمزح معهم.. وكانوا يبتسمون لنا.. يتحدثون بشغف عن أحلامهم.. رغباتهم.. وأحزانهم.. عن أناس أحبوهم وكرهوهم في الحياة، والتي ما تزال تبدو لنا "سكة طويلة" لا نهاية لها بينما سراب يخفي سنّة الحياة "الموت" وهو بمثابة قانون محترم لتستمر الحياة للآخرين..!

بصدق؛ "غدا" والموت" شيئان نقيضان وعدوان لبعضهما لكنهما لا يعرفان الكذب؛ فـ" غدا" آتٍ لكن قد يسبقه الثاني فلا نراه ! ومع ذلك ولأن الرحمن سبحانه وتعالى رحيم بهذا الإنسان جعل له النسيان نعمة يحيا بها فيتراءى له في تلك "السكة الطويلة" سراب فلا يُدرك نهاية الطريق، ورغم مشاهدتنا للموت على الشاشات الإخبارية ومروره أحيانا ببيوت جيراننا.. بعض أقاربنا.. أصدقائنا يوميا نتحول معه إلى مشيعين ومعزيين؛ إلا أننا و لحظات ننشغل بالحياة ونركض خلف أشياء ثمينة نسعى لامتلاكها، وطموحات نردد أننا سنحققها، وننسى أن "الموت مرّ يوما من هنا" فكما الموت قانون محترم في الحياة، فإن الحياة أيضا يجب أن تكون قانونا محترما أمام الموت ! وكما قال الروائي عبدالرحمن منيف: " أسهل طريقة للحياة هي النسيان" ولطالما أردد: "من يرغب بالحياة حقا عليه التصالح مع

الموت" ! أقصد أن الحياة يجب أن نعيشها ونستمتع بها بما يعمر الأرض ويجعل حياتنا سببا كفيلا لأن يكون موتنا أيضا أمرا محترما وامتلاك "زاد" يعيننا على السير في "سكة طويلة" أخرى تنتظرنا هناك.. حيث "الحياة للحياة"..

من يُحبك سيُحبك بحسناتك وعيوبك ويقبلك كما أنت. أما
من يرغب فقط في حسناتِك ويكره ما يعتبره عيبا فيك فهذا
يُحب نفسه فقط !

"البُرقع" من البدو.. للشانزلزيه !!

ما هقيت إن البراقع يفتنني
لين شفت ظبي النفود مبرقعاتي
الله أكبر يا عيون ناظرني
فاتنات ناعسات ساحراتي

كلمات تغنى بـها صـوت محمد عبده في أغنية"البراقع"
القديمة، والتي كان حسـها البدوي الجميل يزيد من حماسـة
القلوب لصـــاحبات البراقع، ومـا يزال مع تغير المكـان
بالطبع من صـــحراء النفود كما في الأغنية إلى الأسـواق
والمولات المكيفة، واللاتي تفذنت فيها المبرقعات بجمال
عيونهن حتى غدا هناك ما يسـمى بمكياج "السوق"، يهتم
فقط برسم العيون وجفونها ورموشها لتُطل صاحبة البرقع
حسناء كـــ"ظبية" النفوذ، فيما تداري خلف البرق نصف
وجهها الذي لم يسـعها الوقت كي تسـتكمله بالمكياج، وقد
جمعتني الصدف لأرى بعض ــ وليس كل ــ "المبرقعات"
في مُصلى بعض الأسواق وقت أداء الصلاة حين يكشفن
وجوههن لتتسـع عيناي دهشـة و"فجعة" من نصـف وجه
ملون وآخر دون ألوان، فهو مجرد مكياج سـوق "على
قولتهم" مما يؤكد أن لبس هذه الفئة للبرقع أو النقاب مجرد

133

عادة فرضــها المجتمع وأُلزمت به المرأة على اعتبار أنه من مكونات الحجاب الإسلامي !!.

والبرقع كما جاء في معجم لســان العرب لابن منظور، هو ما :"تلبسها الدوابّ ونساء الأعراب وفيه خرقان للعينين" إذ هي تســمية وعادة بدوية خاصـة بنساء البدو في الصحراء، وهو ـ في اعتقادي ـ ظهر عن حاجة فرضتها رياح الصحراء وما تحمله من رمال وأتربة تؤذي الصدر إذا ما تنفسها الإنسـان، فلجأن إلى اللثام ببداية الأمر كحال الرجال البدو، والذي يزداد الحاجة إليه في حال ســفر البدو المستمر بحثا عن الماء والكلأ، ثم تطور ـ في ظنّي ـ بعد ذلك بالنسبة لهن إلى براقع تخيطها البدويات ليسهل عليهن ارتداءها أثنـاء مزاولـة أعمـالهن المنزليـة واليدوية في الصـــحراء، وتحول بعد ذلك إلى عادة أنثوية تثير غزل الرجـال بهن، لكن "البرقع" الآن تحول إلى مـا يســمى "نقاب" كتســمية لها إشـارة دينية ترتبط بمكونات الحجاب كما يرى بعض المتدينين ممن يوجبون على المرأة تغطية وجهها، بينما أجده مجرد حيلة دينية تتمثل في كونه حلا وسطا للنساء ممن تجد غطاء الوجه فرضـا عليها سـواء كان عن قناعة دينية أو عادة اجتماعية، وتتخذ من "النقاب" حلا وســطـا، فتغطي وجهها وفي ذات الوقت يُمكنها "الخُرقان" في النقاب من رؤية طريقها بين الناس وألوان الحياة الحقيقية دون السواد.

إلا أن "البرقع" أو "النقاب" هذه القماشــة الصـغيرة؛ كما فتنت شـعراء البدو فتنت العالم الآن سياسيا، وتحولت من

ممارســـة وعرف بدوي بســيط لدى نســاء الأعراب في الصحراء، إلى ممارسة اجتماعية مدنية بسبب تمدين البدو وهجرتهم للمدن مع أعرافهم، ثم إلى ممارسة سياسية لدى بعض ـ ليس كل ـ المبرقعات في الشانزلزيه وشوارع لندن وأنحاء أوربا، وكما هو معروف لدى الجميع أن كشـــف وجه المرأة عند معظم الفقهاء ومنهم أصـــحاب المذاهب الأربعة مباح، إلا أن قلة قليلة خرجت برأي ثان غير الإباحة وعدم الجواز، فغدا الأمر خلافا فقهيا.

وبعض المسلمين ممن وجدوا في التشدد والمبالغة فضلا وأجرا، تركوا حكم الأكثرية وأخذوا حكم الأقلية، رغم أن الإسـلام دين يسر وليس دين عسـر، لكن بعض آخذي هذا الرأي ارتضـــوا فيه مناســـبة عرفهم لإبقاء "البرقع" أو "النقاب" كعـادة بدويـة قبليـة وذكوريـة تحولـت إلى عرف اجتماعي؛ اكتسـبت شـرعية الاسـتمرارية بحجة أنها من مكونات الحجاب الإسـلامي، وأسـتغرب إن كانت فرضـا باسـم الدين ومن مكونات الحجاب الإسـلامي، كما يقول أصحاب هذا الرأي؛ فلماذا إذن يُحرم لبس النقاب والقفازين أثناء أداء المرأة لمناسك الحج أو العمرة!!

ولا يغيب عن ذهننا أن بعض المسـلمات في أوربا يرتدينه هناك رغما عنهن؛ بسبب تشدد أسرهن المنتمين عاطفيا أو فعليا لبعض الحركات السـياسـية الإسـلامية، فيما أخريات يرتدينه عن قناعة دينية ابتغاء لفضـل المبالغة في لبس الحجاب؛ أو يرتدينه عن قناعة سياسية، ليتحول "البرقع" لديهن أو "النقاب"إلى رمز سـياسـي لا ديني، لمواجهة

135

العنصرية الأوربية بتعزيز انتمائهن للدين الإسلامي، أو تضامنا مع الحركات الإسلامية التي يشجعنها، ولا يخفى على أحد أن المرأة ورقة رابحة في أيدي هذه الحركات، استغلالا لعاطفتها وضعفها، فمن خلالها يمكن إظهار مدى تغلغل فكرهم في الشارع الأوربي كشكل لا كمضمون، مستغلين ديمقراطية وحرية الدول الغربية.

أظن أن ذلك كان سببا جعل دول أوربا، تخشى "البرقع" وتُصاب بـ"فوبيا" النقاب، كرمز سياسي لا كمجرد رمز ديني، فهي لن تُضيّع جهود قرون من الثورة والنضال السياسي الذي خاضته وسكبت الدماء لأجله سنوات طويلة، وتصل إلى ما وصلت له من مساواة واستقرار بين أطياف مجتمعاتها، ثم تضيعه وتسلمه لحركات سياسية تستغل الإسلام وتروج بضاعتهم الدكتاتورية باسمه لسلب عاطفة المسلمين؛ و تبني لها حزبا في برلمان هنا وهناك بحجة الأكثرية في نسيج المجتمع الأوربي، ثم تبني ما بنته الثورة الإسلامية في إيران أو طالبان في أفغانستان على أسس يبرأ الإسلام منها ولا تمثل سماحة الدين ونزاهة شريعته الغراء.

ومن المؤسف أنه قد تمت أسلمة "البرقع"وتحويله إلى "نقاب"،ما جعل المسلمون يقومون ولا يقعدون نتيجة حظره وتجريم ارتدائه قانونيا في فرنسا وسعي جاراتها لذلك؛ فيما تستغرب أن هناك من يغرق في دول العالم الثالث في الجهل والفقر والبطالة، ويموت الآلاف من الجوع والمرض والأوبئة والحروب ولم يحرك هؤلاء

المتعصبون لقطعة قماش ساكنا؛ بل مضغوا هزائمهم مع ماء "السياسة" العربية!! وأتساءل:ألهذا الحد بات الإنسان رخيصا مقابل "قماشة" صغيرة هي عادة بدوية لأعراب الصحراء ؟! حولها المجتمع العربي "الذكوري" إلى عرف اجتماعي اكتسب شرعية استمراريته بحجة أنه من مكونات الحجاب الإسلامي، نتيجة لتعريب الإسلام الذي جاء لأسلمة العرب، ولكن طغت عادات الأعراب على قيم الإسلام العالمية فتم تعريب الإسلام.

وفي الحقيقة؛ لست هنا ضد من ترتدي البرقع أو النقاب نهائيا، ما دام اختيارها بحرية كاملة رغبة في زيادة الفضل بالزهد، دون أن يُجبرها أحد من أسرتها كأب أو زوج أو أخ على ذلك، لأني اشجع المرأة وأشد على يدها بأن تختار ما تعتقده حقا وإن لم أكن متفقة معه، ولكني ضد إجبار المرأة عليه لتتحول إلى "منافقة" باسم الدين، الذي أجاز لها كشف وجهها على رأي أكثرية المذاهب الفقهية، وضد إقصاء وتأثيم من لا ترتديه، بحجة أنه من مكونات الحجاب الشرعي الواجب، أما فيما يتعلق بقضية النقاب في أوربا، وموقف بعض الدول منه قنونيا بمنعه مثل ما فعلت فرنسا؛ فهذا شأن داخلي يخص دول أوربا ؟! وهم أدرى الناس بما يتناسب مع ثقافتهم كدول غير إسلامية، فلماذا نظهر وجهنا القبيح في التنديد والتهديد ومصادرة ثقافتهم حين نرميهم بأنهم لم يحترموا حريات الأقليات المسلمة!؟ ونحن أبعد الناس عن احترام الأكثرية فينا!! فكيف ونحن نجبرهم بقوانين ثقافتنا حينما يعيشون في مجتمعاتنا.

شيءٌ إن ذهب لا يعود أبدا.. هو "الآن"

هل أفسد سيبويه العرب بقواعده وأصاب لغتهم بـ"الزهايمر"!؟

لماذا هذا البون الشاسع بيننا وبين لغتنا العربية الفصحى!؟ ندرك ذلك جيدا حين نقرأ القرآن الكريم الذي أنزل منذ (1432هـ ——) فيتحول فعل القراءة لدى كثير منّا إلى أداء صــوتي لا فكري، فكثيرون لا يفهمون من كلمـاتـه ولا سـياقاته إلا بالرجوع إلى معجم الكلمات والتفاسـير!! فلا صــلـة ولا تواصــل مع عربية مكتوبة لا منطوقة؛ عربية معاريض وخطابات وخطب جمعة ومؤلفات؛ لا عربية حياتنا اليومية.

حتى حين أقرأ الصحف اليومية، أسأل: هل هذه اللغة نحنُ ما نزال أصــحابها ؟! هذه اللغة التي لا أعلم إن جنى عليها أم لا ســـيبويه حين قرر تقعيدها أم تعقيدها عن أســـتاذه الخليل بن أحمد الفراهيدي منذ ما يقارب (1350) ســـنة!! اللغة التي عقّدت طلاب وطالبات المدارس فباتت القواعد أصعب الحصص وأكثرها مللا وجمودا!! بل تكاد حصص الإنجليزية أكثر متعة والرياضيات أكثر سهولة منها!؟ أما مُدرسـو العربية وأسـاتذتها الجامعيون دائما ما تُصورهم الدراما والسينما شخصيات هزلية وتقليدية غير عصرية

ومتخلفة فكريا بسبب تجمدهم عند سيبويه وقواعده!؟ وبلا شــك أن في ذلك دلالة وإن كانت ظالمة ولا أراها على شـخصـية اللغة ذاتها حتى بات من يريد أن يتصـف بالعصـرية يسـتبدلها بالإنجليزية ليتعامل بها، وكثيرون حولنا من هذا النوع!؟.

هل ما ذكرتـه هنا يعني أن اللغـة العربيـة وقواعدها السـيبويهيـة أدت إلى أن تعاني اليوم من "زهايمر" أي تدهور في ذاكرتها الفكرية وتثاؤب عقلي جعلها جامدة في استيعاب لغة العلم والعصر والتقنية، أنظروا ما حولكم من آلات وأدوات ووسـائل، تجدون أننا نسـتخدم أسـماء غير عربية لها!! انظروا للغة العلوم الحديثة الطبية والكيميائية والفيزيائية والحاسـب الآلي وغير ذلك!! لماذا نذهب بعيدا !؟ انظروا إلى التخلف العربي الفكري الـذي تعيشــه مجتمعاتنا اليوم؛ إنها تحارب كل من يفكر، وتصادره باسم الدين الذي جاء لِيُحرر عقولنا من كهنوت الرهبنة الدينية؛ حتى وإن بات بعض العرب يفيق من حالة الغيبوبة الذهنية التي حطت على مجتمعاتهم مـنذ أواخر القرن(4هـ—) وسـقوط الدولة العباسـية! فلا تبدو لي هذه الثورات إلا ميلادا جديدا لغيبوبـة أخرى قادمـة مـا لم يتحرر الوعي الفكري ذاتـه من دمويـة التـاريخ العربي؛ فكم من ثورة وحروب عاشـتها المجتمعات العربية منذ أكثر من 1000 سنة!؟ هل تغير شـيء !؟ إنها ثورات تنجب دكتاتورا إثر دكتاتور نتيجة "الأنوية" المركزية العربية التي حتى الآن تحتـاج لثورة كي تُقتلعَ من حيز العقـل العربي وتعيش

"نحن" الإسلامية الإنسانية، ولطالما أقول: لن يتحرر العرب سياسيا ويجنوا ثمرات وعي الديمقراطية ما لم يتحرر تفكيرهم من دماء ثوراتهم عبر التاريخ !! فالعرب بحاجة إلى ثورة تحفظ الأرواح وتعرف قيمة حياة الإنسان، لا ثورات تؤمن بقتل الإنسان ليكون ثمنا للحرية وتقدمه ضمن ضحاياها على أنهم شهداء كي ترخص حياة الإنسان في نظرنا!! ألا تلاحظون أن حياة الإنسان العربي باتت رخيصة كلما استخدمنا كلمة شهيد أكثر فأكثر..!؟

وليس هذا موضوعي؛ بل العربية كلغة إنسان؛ فقد بدت لي العربية تعاني من "الزهايمر" والتدهور الفكري نتيجة تجمدها!! فما السبب !؟ هل سيبويه جنى عليها بقواعده أم على الفكر العربي بقواعده !؟

واعتقد أن مشكلة اللغة العربية اليوم هي مشكلة الفكر العربي؛ كلاهما تم الاعتماد فيهما على مدرسة النقل التي كانت ذات سطوة، لا مدرسة العقل المحاربة دائما، وحين توقف النقل بسبب التعصب لمن نقلت عنهم، توقف كل من الفكر الذي ينهض بالحضارة الإنسانية، و اللغة باعتبارها وسيلة نقل للنمو والتطور، فتسبب ذلك في تخلفهما معا في مجتمعاتنا العربية لليوم، فعلماء اللغة القدماء، تعصبوا كثيرا في نقل شواهد اللغة لدراسة نحوها وقواعدها وصرفها لأزمنة بعينها حدودها لما قبل العصر العباسي، ورفضوا شعر هذا العصر ونثره كشواهد للغة ، مع العلم أنه العصر الذهبي لازدهار الفكر العربي والفقه الديني والأدب والعلوم والفلسفة، هكذا أوقفوا مجاراة اللغة

للحضـارة ورفضـوا دراسـتها نحوا وصـرفا في ظلّ هذا الازدهار، بحجج الخوف من اللحن وخطأ ألسـنة العرب المهجنين ، وذلـك حين نمـت وابتعدت قليلا عن قواعد سيبويه نتيجة امتزاجهم بالعجم بعد اتساع الدولة الإسلامية، مع العلم أن سـيبويه نفسـه الذي قعد القواعد العربية هو أعجمي، واكتفوا بدراسة وتدارس ما نقلوه من لغة العصر الجاهلي والإسلامي وقليل من الأموي؛ شعرا ونثرا بجانب القرآن الكريم والحديث، وباتوا يعيدون ويزيدون ويلتون، فلم يخرجوا بجديد عمّا أخرجه سيبويه، وبدلا من أن تكون اللغة سـببا لتقعيد القواعد بما يتناسـب مع نموها وتطورها مع الزمن على اعتبارها كائنا حيّا، جمّدت قواعد سـيبويه اللغة العربية، وأوقفت نموها عند أزمنة لم تتجاوز القرن الثاني الهجري، وتجمد بعده العقل ومن ثم عجز عن تنمية الفكر العربي إلا في قلة قليلة لمعت أسـماؤهم في علوم الفلسـفة العربيـة وإن تم نبـذهم وتعطيلهم ومحـاربتهم، والشواهد كثيرة في تاريخنا العربي الإسلامي.

هكذا لم تسـتطع اللغة حمل التطور الاجتماعي؛ وهكذا تجاهل علماء اللغة (1200)سنة من حياة اللغة، وحتى اليوم الأكاديميون والباحثون اللغويون لم يخرجوا عن تعصـب القدمـاء، ولم يحـاولوا المغـامرة بحسـب علمي لتطوير القواعد بدراسـة قواعد اللهجات العربية التي عاملوها وكأنها "بنات خطيئة" على اعتبار قدسـية قواعد سـيبويه بسـبب ربطهم لها أنها وُضـعت خدمة للقرآن الكريم، مع العلم أن بعضـا كثيرا من قواعد سـيبويه ما تزال عاجزة

تماما أمام تفسير ظواهر لغوية نحوية قرآنية، ناهيك على أن سيبويه وضعها بهدف آخر وهو خدمة أبناء جنسه من الأعاجم حديثي عهد بالإسلام آنذاك، بحيث تُسهل عليهم تعلم العربية وبالتالي قراءة القرآن الكريم.

وببساطة، تعتبر اللغة وثيقة الارتباط بالتفكير الإنساني، فهي وسيلة تعبير بما تحمله من إشارات منطوقة تسجلها الكتابة باعتبارها وثائق تاريخية ومعرفية لهذا الإنسان، وتُمكنه من ترجمة أفكاره ومعلوماته من محيطه العقلي إلى الواقعي، وهذا الارتباط الوثيق بين اللغة والفكر يمثل ثنائية متلازمة، فينموان ويتطوران ويموتان معا، بمعنى أقرب، كلما تطور الإنسان فكريا ونما معرفيا فهو يحتاج إلى تطور اللغة ومرونتها، لتستوعب مجموعة أكبر من أفكاره ومعارفه المكتسبة مع الزمن، ما يعني أن توقف اللغة عن النمو وجمودها سيؤدي لفشل الإنسان في التعبير عن طموحاته الفكرية وتطوره الاجتماعي والمعرفي، وستبقى أفكاره سجينة العقل، وهو ما يحصل الآن مع اللغة العربية التي جمدتها قواعد سيبويه فتجمد معها التفكير العربي، وحال كليهما اليوم يقول: إنهما متخلفان ويعيشان بونا شاسعا بين فكر ولغة الحضارة الإنسانية التي يعيشها

إنســان العالم الأول وبين إنســان العالم العربي، والذي ما زال لا يدرك قيمته كإنسان *.

____

*وقد أكد لي هذا التفكير أكثر بعد مطالعتي لكتابين مهمين أعارني إياهما الصديق الشــاعر ياســر حجازي؛ حين وجدني مهتمة بعلاقة اللغة بالتفكير الإنســاني؛ وهما "جناية ســيبويه " لزكريا أوزون، والثاني" لتحيا اللغة العربية.. يسقط سيبويه" لشريف الشوباشي؛ وأجدني متفقة في كثير مما تناولاه في كتابيهما القديمين.

الأخلاق مشترك إنساني منذ الأزل وحتى الآن..
والأديان جاءت مُعززة لها كل بمرجعيته..

الآخرويون..

من الأقوال المشهورة للإمام الفقيه أحمد بن حنبل"نحن قوم مساكين؛ نأكل ارزاقنا وننتظر آجالنا" يا تُرى إلى أي حدٍ نقترب من هذا القول الموجز في شرح دائرة حياتنا اليومية والعمرية!؟

إنه سؤال والاقتراب من إجابته لا تخلو من الصراحة الموجعة كثيرا حين نقارن بين مُنجزات العالم العربي المُسلم، وبين إنجازات العالم الغربي، فالبون يكاد يكون شاسعا، ومعظم الابتكارات والاختراعات التي نتنعم بها اليوم من وسائل اتصال سريعة وأجهزة وما إلى ذلك تحمل توقيع اسم من الغرب، ودعونا بصدق نتخلص من الشماعة التي تقول بأن كل هذه الابتكارات كانت الحضارة الإسلاميةتمتلك جذورها الأولى في القرن الرابع والخامس الهجري!!؛ فماذا عن اليوم والأمس!؟ لماذا الثقافة العربية اليوم لم تنجز شيئا يذكر أمام ما أنتجته الثقافة الغربية وبقينا مجرد مستهلكين ؟!

والسؤال يُعيدنا إلى قول ابن حنبل،والدائرة التي حصرنا أنفسنا بها هي سبب بالغ الأهمية بجعلنا كسالى ومتواكلين على غيرنا، فالإنجاز والابتكارناتج عن طريقة التعامل مع الحياة الدنيا التي نعيشها؛ وحتما طريقة التفكير في الحياة تختلف من شخص لآخر، تبعا للطريقة التي يعيشها وتفرض

عليه كيفية التواصل مع الحياة التي تنبض داخل جسده أولا وليشعر بالوجود المحيط به ثانيا؛ فالحياة تبدأ من داخلنا وليس العكس ابدا، والميت تنتهي حياته، ولكن يبقى المحيط الخارجي حيا.

وبصراحة، الثقافة الآخروية التي طغت كثيرا في الخطاب الديني الشعبي الذي عزز تهميش الدينا والزهد في الحياة طلبا للآخرة بالتخويف من الموت، ثم ابتكر الكثير من الأكاذيب للتخويف من الحياة كتلك القصص المختلقة عن الموتى وعذابهم مما يرويه مغسلو الموتى كعظة وعبرة كما يزعمون، ذلك لتجعل من الحياة شبحا يركض خلفنا وأن علينا التفكير بالموت أكثر من الحياة ذاتها، بالعبادة والعبادة فقط، وكأن العمل والتعامل والإنجاز ليس عبادة أيضا، هذا سبب مهم من أسباب التكاسل والتواكل في الإنجاز وعدم دفع روح الابتكار، إذ كيف يمكن أن يبتكر أحد أو يخترع وهو يفكر بالموت غدا !؟ ثم لن يكون هناك إنجاز وابتكار ما لم يكن أساسه طلبا للحياة وزينة الدنيا بما في ذلك من مال وشهرة ومكانة، ولا أعلم لماذا ترسخ في الثقافة الشعبية العربية الإسلامية أن الدنيا دار فناء لا دار إنجاز وتعمير؛ صحيح أنّ الآخرة حق من الله تعالى، وحاصلة متى شاءت الرغبة الإلهية، ولكن الدنيا التي وصفها في كتابه الكريم أنها لهو ومتاع وزينة هي ذاتها التي طالب فيها خليفته الإنسان بتعمير أرضها منذ آدم، والتمتع بزينتها شكرا له، وشكرُ الله عبادة أيضا، والحياة الدنيا جسر موصول بالآخرة، وإن أدرت ظهرك للحياة فأنت أيضا تدير ظهرك

للآخرة، ولكن الخطاب الديني التقليدي أبى إلا أن يجعل من هذه الأمور مسائل قد تغري الإنسان بالفساد، وبالتالي يخسر آخرته، ولهذا يطالبه بالزهد بينما يتنعم أصحاب الخطاب الديني بالشهرة عبر برامجهم الإعلامية، وبفلل فاخرة، ومشالح مطرزة بخيوط الذهب على "الموضة"، فيما تحولنا نحن لقوم مساكين وأضيف "كُسالى" نأكل أرزاقنا وننتظر آجالنا.

كل شيء سينتهي يوما وتبقى الأشياء التي ملكتها ووضعت فيها أسرارك دون حمايتك.. غيرتك.. رائحتك.. !

طريق النحل.. !

"أنت وأنا ياما نبقى.. نوقف على حدود السهل.. وعلى خط السما الزرقا..
مرسومة طريق النحل..
أنا ومتكية ع باااابي..مرقت نحلة بكير
غلّت بزهور الغاابة.. وصارت تُعمل مشاوير"

كما الحرير المنسوج من دودة القز؛ يأتي صوت فيروز مع خيوط الصباح؛ هكذا أشعر؛ ربما لأنها باتت ضمن طقوسي الصباحية المبكرة جدا، فلا أجد للقهوة "السوداء" طعما على الريق، وأعترف أنها من أسوأ عيوبي الصحية، كلما هممت بكتابة مقال "كلاكيتي"، إلا وصوتها الفيروزي الرحباني يرافقني صادحا بكلمات بسيطة جدا، تعودنا ألا نقبلها إلا في صوت فيروز، وكم حاول بعض الفنانين تقليدها، بأن يستخدموا هكذا سياق لبساطة المفردات، لكن تجدهم يقعون في وحل الغناء الممجوج، فالكلمة البسيطة على سذاجتها أحيانا لا تقبلها سوى من فيروز.

و"طريق النحل" أغنيتها التي بدأتُ بكلماتها البسيطة، جعلتني استطعم العسل في لحظة تأمل لصباح أمس، رغم أني نادرا جدا ما أتناوله، ولكن هكذا هي الحياة نقضيها في

151

مشاوير ومشاوير في طريق النحل ذهابا وإيابا حتى نحصل على عسله، أقصد السعادة بأي شيء جميل في حياتنا، وحتما لا يمكننا الحصول عليه دون وخز صُناعه، ولن تشعر بقيمة النجاح والسعادة حقا إلا بتعب قضيته للحصول على مرادك.

وأظن أن الاستشعار الحقيقي لقيمة النجاح في أي شيء.. عمل.. مال.. علاقة حب.. زواج وغير ذلك لن يكون دون تعب وإصرار ومجهود يسبقهما حلم، وقد نفشل مرة واثنتان وعشرة لكن في النهاية نصل للعسل، وإلا فإن السعادة التي تأتي على "طبق من ذهب" ليست سوى مجرد لحظة تنتهي سريعا، فما يأتي بسهولة يذهب بسهولة كما يقول الإنجليزيون، وبين نجاح يتكئ على كفاح واجتهاد وآخر يتكئ على واسطة أونسب فرق كبير جدا كالفرق بين السماء والأرض.

إلا أنّ المشكلة الحقيقية في طريق النحل، هي أن بعض العابرين يرغبون بالعسل سريعا؛ فيركضون له ركضا متخذين من كل وسيلة فاسدة غاية ميكافيلية، وينسى أنه لو أراد العسل عليه ألا يركل خلية النحل، لأن جيشا من النحل سيوخزونه وإن كان ضميره مثلجا !! وسيلاحقونه كالأشباح حتى يجد نفسه في مستنقع يسقط فيه حماية منهم، والنتيجة سيحصل على العسل فعلا ولكن بطعم المستنقع الذي سقط فيه ! ودون شكٍّ أن هذا النوع البشري المقزز موجود بيننا

بكثرة في هذا المجتمع، وإلا ما وصلنا إلى مرحلة أن تكون لدينا هيئة وطنية لمكافحة الفساد!! والتي سأغني لها مع صوت فيروز اللؤلؤي: "إذا راح تهجرني حبيبي.. وراح تنساني حبيبي

ضل أتذكرني.. وأتذكر طريق النحل.."

الحياةُ دون تحديات تُصبح باردة.. مُملة !!

حطموا هذا الصنم.. !

إمـا أن ننظر للجزء الممتلئ من الكـأس ولو مجرد قطرة ماء؛ وإما للجزء الفارغ من الكأس.. ؟!

إنهما خياران نملكهما دائما في كل حدث أو موقف نعيشـه في حياتنا المستمرة مع استمرار قرع عقارب الساعة على حائط الزمن وتدفقها مع خلايا أجسـادنا، وأيا كان هذا الموقف عمليا أو أسـريا أو عاطفيا أو مرضـيا، ومهما انغمس بنا إلى داخل دائرة الغضـب أو الإحباط أو الفشـل والقلق، فهذه الرؤيـة المختصـرة للأشـياء والعلاقات والأشـخاص سـتحرضـنا حتما إلى تضـييق دائرة التردد والخوف، ومن ثم اختيـار أقرب الحلول، وإن كان مُرُّها أجدى من سُكَّرها، فهذا أفضل من البقاء معلقين في الهواء بين السـماء والأرض؛ لكن من المهم أن نندفع إلى الخيار الأحق بنا، إلى رؤية الجزء الإيجابي من هذا الموقف أو في تلك التجربة، مهما كان وقع اللحظة المحبطة، مهما كانت خسـارتنا للأشياء، أو فقدنا للأشخاص، أو شعورنا بالخيبة، لأننا وثقنا بمن لا يستحق الثقة.

إن الحياة تسـتمر ببسـاطة، ولا نسـتطيع أن نوقف وجهة البوصـلة الزمنية التي تحملنا دون أن تسـتأذننا؛ هكذا علينا

155

أن نؤمن، وما وقوفنا على قارعة الطريق استسلاما لصنم اللحظة المحبطة إلا موت مؤجل يحولنا لمجرد مجموعة من التماثيل البشــــرية واقفة للــــــ"فرّجة" فيما الآخرون يعبروننا مع الزمن ويتفرجون علينا.

ما أقوله ليس مثالية، وهناك تجارب تعيش بيذنا حطمت أصـنام الإحباط واليأس والمرارة وحولت ذلك الحطام إلى وقود وطــاقـة اتجهت بهم نحو النجـاح والتفوق وتحقيق الذات، فما المشكلة من تكرار المحاولة !؟ أليس هذا أجدى من البقاء مجرد"فُرجـة" للآخرين نتيجـة وقوفنا!؟ كل ما يتطلبه الأمر هو برمجة عقولنا وانفعالاتنا للنظر بإيجابية للأمور؛ وستتحول العثرات والسقطات إلى خيارات متفائلة بحثا عن نقطة ضـــوء مهما كان الظلام حالكا، ولا أتجاهل أبدا أن ظروف حياتنا الاجتماعية بعبء تقاليدها وأعرافها، وعبء ماديتها الحديثة ومتطلباتها الباهظة تفرض علينا منغصات حياتية وسلوكيات وعادات يومية أجبرنا عليها، ولكن هل نستسلم لروتينها الممل مثلا ؟!أو نستسلم لصنم اللحظة اليائسـة فيها !؟ ثم لماذا نهدر وقتنا في روتين ممل آلي نتمطي في كل أفعالنا منذ بداية الصــباح وحتى النوم؛ في الأكل والشــــرب، في العمل، في البيت ، مع الزوجة، مع الأطفال؛ وتصفح العالم الافتراضــي العنكبوتي لمجرد أننا لا نريد أن نواجه مشــاكلنا ونوجد لها حلولا!! مع العلم أننـا نمتلك الخيـارات ومعهـا الحلول، وقبـل ذلك الوقت لتكرار المحاولة ونفض غبار الكسل والبرود والملل.

باختصـار؛ اللحظة المرّة / المحبطة في تجاربنا الإنسـانية أشـبه بصـنم بليد لا ينفع ولا يضـر ! فحطموا هذا الصـنم وحولوا حطـامـه وقودا يـدفعكم للنجـاح والإبـداع، فـالحيـاة تستمر.

لو لم يأكل آدم وحواء من تلك الشجرة.. لما بدأ التاريخ
على وجه الأرض !

أيها التاريخ .. من رآك !؟

لماذا ندرس التاريخ..!؟ هل ندرسه لتخدير العقول وتسكين الضمير ! أم لِيُحرضنا على السير للأمام !؟ وهل الدارسون له باحثون أم مجرد حُراس يمنعوننا من الدخول إليه !؟ تبدو هذه الأسئلة وهي تمرّ من أمام العقل العربي مرتدية طاقية الإخفاء التي باتت حقيقة يابانية بحسب خبر قديم قرأته عن اكتشافهم لسترة إخفاء مازال التطوير والتحسين فيها يشتغل عليه "العقل الياباني" ! وأعود للسؤال الأبرز : لماذا ندرس التاريخ !؟ وأخشى أن أول من يغضون البصر عنه هروبا أو فرضا أو استسلاما هم معلمو التاريخ أنفسهم ! فعدد من معلمات التاريخ أخبرنني بلسان واحد"أدرس الطالبات ما لست مقتنعة به"!! مع ذلك تأتي الإجابة تقليدية كالطريقة التقليدية أيضا في تدريس التاريخ لأبنائنا وبناتنا في المدارس، فكل ما في الأمر سرد حكايات عن حروب ومعارك سجلها منتصرون في تاريخ يتجاهل الإنسان نفسه، والذي يعتبر مكونا من مكونات الشعوب ولكن يتم إهماله، فمثلا تلك الجيوش تتكون من آلاف الآلاف حين تنتصر يتم اختصارها في شخصيات تُحكى حولها قصص بطولية تشبه حكايات الأسطوريين، ثم نقول لمن نسرد لهم هذه الحكايات هي من أجل أخذ العظة والعبرة، دون مزيد من الحَفر، فالعقل العربي ليس أمامه سوى النقل لأنه يعيش"بطالة

عقلية مقنعة"! هكذا دون حفر في طبقات التاريخ ولا تنقيب داخل أزقته وساحاته وشوارعه؛ ودون الغوص في تلك التفاصيل في اللون والطين والحصى !!

وربما أستاذي الذي أحبه "الجاحظ" ـ رحمه الله ـ كان من أوائل من اهتم بتاريخ هؤلاء المهزومين منذ أكثر من ألف عام تقريبا، حين كتب عن الناس وأحوالهم؛ نساء ورجالا وغلمانا، وكبارا وبخلاء وأغنياء حتى الحيوان والحشرات التي نعتبر تاريخها من هوامش الهوامش اهتم بأحوالها؛ لكن ما كتبه حول الإنسان مرّ مرور الكرام أمام العقل العربي الذي أصيب بعقدة "الكرفتة الخواجية"! وأتساءل : هل تعوّد العقل العربي أن يختزل هكذا حكايات في مجرد عظة وعبرة دون أخذها بمحمل الجدية ؟! وإنما إنشائية يعيد إنتاجها مرة تلو مرة كالخطب العصماء التي نستمع لها في مجلس الأمم المتحدة لبعض من رؤساء الدول العربية بين عام وآخر!!

ومع الأسف ـ يعتقد بعضنا أو أكثرنا أنه بحفظ ما تيسر من التاريخ، وإعادة إنتاجه إنشائيا، يحقق العظة والعبرة، ثم نتصور أنها دروس تحقق أهدافها حين تُصب في "خزانات"عقول طلبة المدارس؛ بينما لم نفعل شيئا سوى تجميد عقول ومطالبتها بأن لا تتحرك أمام ذلك التاريخ الذي أنجب عظماء لن ينجب الزمان مثالهم!! ودون أن نكتشف ـ لأن الأسئلة ترتدي طاقيّة الإخفاء ـ نجد أننا أمام معضلة جسيمة هي عجزنا عن تجاوزه لتدوين تاريخ أبطال آخرين في حياتنا يتجاوزون القدماء!!

هكذا، أحيانا أظنّ أن التاريخ العربي بات مجرد ساحة عزاء للعرب؛ كي يفخروا بدائرة زمن أسلافهم ويستمدون منها الثقة في حاضر معدم ومستقبل متلاشٍ ينتظر "المهدي المنتظر" لينتصروا به كما بقية أصحاب الأديان الأخرى الذين ينتظرونه !! صحيح هناك من يظنّ أننا مطالبون بدراسة التاريخ العربي لإبقاء هذا الفخر والاعتزاز في نفوسنا؛ لكن ما الفائدة ما دمنا لا نتحرك؛ وهناك أيضا من يظن أن العرب اليوم في ظل التأخر العلمي والصناعي والاقتصادي والفكري؛ نتيجة معاناة قمع الحريات الفكرية باسم الدين والتسييس، باتوا يعتبرون إعادة تسميع التاريخ العربي الإسلامي هو المنقذ لتحفيز وتحريض جيل اليوم للنهوض من جديد!

لا بأس من تذكر مقولة عالم الاجتماع المؤرخ ابن خلدون" إن التاريخ في ظاهره لا يزيد عن الإخبار ولكن في باطنه نظر وتحقيق" إنها تعيدني لقاعدة الشك، وأهمية مراجعة صفحات التاريخ جيدا، وطرق السؤال: أين المهزومون ولماذا انهزموا!؟ ولماذا تجمد الزمن في طارق بن زياد، وخالد بن الوليد، وهارون الرشيد، وصلاح الدين الأيوبي، والظاهر بيبرس، وغيرهم !؟ ولماذا نخاف طرح: متى ولماذا وكيف وأين ومن!؟ نحن لا نريد دراسة التاريخ لتخدير عقولنا به؛ بل لينهض بأقدامنا نجاه المستقبل!؟ هل هذا صعب!؟ لماذا لم يكن كذلك أمام العقل الأوربي الذي تجاوز دموية تاريخ بشع عاشته أوربا لقرون!؟ هل نحن نمنع الأسئلة ونغتالها في مهدها خوفا وقلقا من أن نخسر

حتى التاريخ في ظلّ خسارتنا المتتالية كعرب اليوم المستهلكين لثقافة الآخرين وعاجزين عن إنتاج ثقافة تغزو العالم!

إن كلّ من نراهم اليوم متقدمين تقنيا وحضاريا من يابانيين وهنود وأوربيين وصينيين وكوريين وحتى الماليزيين كانوا يوما عاجزين أمام أسلافهم، كانوا مجرد حُراسٍ يخافون أشباح موتى يطلون عليهم من أوراق التاريخ !! هؤلاء ممن هاجروا أيضا إلى أرض الأحلام " أمريكا " فظنوا أن الاكتفاء بحراسة تاريخ أجدادهم لن يجعلهم سوى حُراس في لعبة "شطرنج"! وأن منع من يرغب بالتنقيب والمساءلة، لن يجعلهم سوى مستعبدين عند من يملك مفاتيح العلم والحضارة، ففتحوا أبواب التاريخ!! وأذابوا قوالب الجليد عن الأموات، وساءلوهم وحاكموهم!! ثم انتفضوا فلسفيا وعلميا وتجاوزوا تاريخهم إلى حاضر "البصمة الذكية" وبناء مستقبل للغد على "المريخ"، بعد رؤية ما لم يعيشوه تحت مجهر الأسئلة البحثية الجادة التي لا تتوقف، وبعيدا عن التسييس والأدلجة والخوف؛ متى يستعد العرب المسلمون لرؤية تاريخ المهزومين من بني"الإنسان" تحت مجهر الأسئلة البحثية الجادة!؟

وأعود لأسأل : لماذا ندرس التاريخ!؟

من يحبُّ الله فقلبه لن يعرف الكراهية..

"أنـا.. لستُ لي" !

"هذا هو أسمك
قالت امرأة وغابت في الممر اللولبي..
أرى السماء هُناك في متناول الأيدي
ويحملني جناح حمامة بيضاء صوب طفولة أخرى..
ولم أحلم؛ بأني كنتُ أحلم
كل شيء واقعي. كنتُ أعلم أنني ألقي بنفسي جانبا..
وأطير"

إنها من جدارية الدرويش، التي نقشها من راحة الشعر في كف محمود كروحه، فأبقت ما أبقته من مطرها يحمله اسمه بعد سفره في العالم البرزخي، وإن بات حنينه إلى خبز أمه وقهوة أمه ولمسة أمه، وجعا يسكن الشعر والتاريخ وأحشاء أرض مقدسة، اكتفينا أمامها بانتظار ساعة الصفر؛ ويوم.. تشي الأشجار والحجارة فيه باليهود..!!
سأكون صادقة، لم أخطط لكتابة هذه المقالة، ولم أبحث عن فكرتها في رحم المعاني المبعثرة بيننا بفوضوية كما أفعل كل يوم، لم أحاول حتى التفكير فيما سأكتبه، ولهذا فلتسمحوا لي مرة بالعبث، فكل ما في الأمر إني عشتُ لحظات مع الدرويش يأخذني شعره إلى حيث الأرض

الرطبة ورائحتها في أجساد نحملها معنا على الأرصفة والشوارع، ندلف بها إلى الأسواق والحدائق والبنوك والمدارس، وتسكن كل هذه البيوت الطوبية والرخامية والحجرية والخشبية من حولنا.

أجساد"مؤقتة" كما يصفها درويش؛ ومع ذلك يتملكها شعور دائم بالامتلاء والامتلاك والجبروت، شعور بالخلود في تاريخ ندرك تماما أننا مجرد سلسلة لأحداثه، تستمر حتى يأتي آخرون غيرنا فيكتبوننا، ثم يأتي جيل بعدنا يحفظه عن ظهر قلب، كما حفظناه من قبلهم وبالطريقة ذاتها، وسيكونون مسالمين مثلنا، فلن نختصم على لون الماء والسماء وخليج البحر، فنحن كمن قبلنا، اكتفينا بالألوان ذاتها كل مساء، وبذات الطعم مضغناها مع شيء من التسلية و "الفرفشة" و رشفة قهوة عربية مرة، أو شاي ولا مانع من ورقة أو ورقتين من نعناع ناشف "لزوم" النكهة المستلذة.

شعورٌ؛ بأننا لا نملك من أنفسنا سوى هذه الأسماء التي شكلت هويتنا في أصوات الآخرين، أيعقل إننا حالة نداء ؟! في كل مرة نُنادى بأسمائنا نكون أبطالا لقصص تنشطر إلى نصفين وربما ثلاثة أو عشرة؛ نبذرها كسنابل قمح خضراء في تربة الذاكرة الرطبة، ونتابع المشي بعد كل حالة نداء، بأقدامنا المثقلة بحمل أجسادنا "المؤقتة" نمشي.. حتى تغدو الأرصفة مجهدة، والشوارع متعبة، والبيوت

موجوعة منّا ومن أثقالنا وعظامنا وأوزارنا وآثامنا، ننتظر اللحظة؛ كي يلفظنا كل ذلك، وتطعمنا الحياة للأرض، فتتحرر أسماؤنا من أجسادها، وتغدو "أنا.. لستُ لي" كما قال الدرويش.

كثيرا ما أشعر أن بيننا كائنات أثريَّة تمشي على الأرض، وتقتات من أرزاقنا، وتُجبرنا على أفكار الموتى !!

الروحُ والجسدُ والنفسُ.. في الميزان!

الإنسان في تصوري يتكون من روح ونفس وجسد، وليس كما هو متعارف أنه من روح وجسد فقط؛ ولكل من هذه المكونات غذاؤه، كي يستطيع الإنسان أن يعيش متوازنا مع ذاته ومحيطه، الروح غذاؤها التشبع بالاطمئنان الديني، والجسد غذاؤه الأكل والشرب والجنس، والنفس غذاؤها الترفيه والاستمتاع بالفنون والهوايات الترفيهية والرياضية.

قد يقول القائل: إنما النفس أمارة بالسوء! فكيف نحرص على تغذيتها لتشعر بالرضا!؟

وللأسف هذا ما ترسخ في أذهاننا نتيجة التربية الدينية التقليدية التي تعزز أن النفس هي الأمارة بالسوء، وينبغي كبتها وقمع غرائزها وتجاهلها وإلا سنرتكب المعاصي، فنحن مثلا نُحرم الاستماع للموسيقى حتى لا تميل النفس إلى القلب وتؤدي بنا لمعصية، أي سدا للذرائع، وقيسوا على هذا الكثير؛ وأتساءل: أين أصحاب هذا الزعم عن النفس اللوامة والنفس المطمئنة، وقد ذكرهما القرآن الكريم أيضا، وبالتالي إنما النفس تتجاذبها الأمارة واللوامة، أيهم يطغى على الآخر لتحقق لها الطمأنينة؟! هذا ما يُترك لإرادة الإنسان الذي هداه الله تعالى "النجدين" كي يحاسب على اختياره في الآخرة، بحسب كيفية تحرير عقله الذي

يُبصــره بأمر الخير والشــر، وأعود للقول: إن نقص تغذية أحد الثلاثة الروح والنفس والجســد؛ ســيؤدي إلى توعك البقية، والنتيجة اختلال توازن الإنســان في تصــرفاته وتفكيره.

وبشــفافية نقترب من ملاحظة ظهور حالة من "المزاجية الـغاضـــبة" أحيانا بيذنا، وأخرى من المـلل والرتابة في أكثرنا، إن كانوا عابرين أو في العمل أو أثناء الوقوف عند إشــارة المرور، أو في البيت مع الزوجة والأولاد أو تراها مع شـيء من "التعصيب" خلال قيادة الآخرين لسياراتهم، هذا يقطع الإشارة بعصبية !! وهناك من يسب ويشتم آخر لأنه لم يتركه يمر قبله !! ولا بأس من مشــاهدة مصارعة حرة أحيانا !!

ودون شـــك أن معاناتنا من عبء التقاليد الاجتماعية التي أكثرها وليد"الخصوصية " أو "القبلية" أو "المدنية الملوثة" بـجانب عبـء الحياة المادية الحديثة ومتطلباتها في ظلّ طبيعة مناخنا الحار معظم العام، هي من أهم أسـباب استمرارية سوء الحالة النفسية وتعكر المزاج لدى أكثرنا؛ لهذا يحتاج أكثرنا إلى اســتراحة نفسـية ربما أسـبوعية يحصل خلالها على ترفيه بريء، يساعده في التخلص من طاقته السـلبية ويعمل على تطهير شـعوره ووجدانه، كأن يذهب مع أسرته أو الأصدقاء لقضاء وقت ممتع لمشاهدة مسـرحية أو سـينما أو زيارة متحف للفنون الجميلة أو سيرك وربما الانضمام إلى رحلة سفاري عائلية رياضية ضـمن مرشدين في أحد الجبال أو السـهول أو أي جغرافية

لدينا، ولكن بظلّ عدم توفر كل هذا؛ أدى إلى طغيان الحالة النفسية العصبية خلال دائرة الروتين اليومي؛ فـــ"الذي نصـــبح فيه نبات فيه" كما يقول أكثرنا، وبالتالي ســوء المزاج النفســي بات من أهم أســباب مآزقنا الأسرية وأمراضــنا الأخلاقية التي تتطور لأفعال مؤذية نقرأها في الصحف اليومية من كثرة نسب الطلاق والإساءة للنساء، وحوادث العنف الأسري التي وصــلت لمستوى الجرائم؛ فهذا قتل ابنته تعذيبا، وشـــاب يقتل أمه بالمطرقة، وآخران يقتلان والدتهما طعنا بالسكين ويدعيان التلبس بالجان، وأخ يقتل شقيقته برصاصة بزعم المزاح؛ وقد تكون أيضا سببا لأن يؤذي بعضهم أنفسهم، نقرؤها في أخبار الانتحار التي باتت مفزعة لدى الفتيات أكثر من الشـــباب؛ ناهيك عن حالات الهروب والإدمان والتحرش الجنسي والشذوذ!!

حتى نصـــل إلى التســـاؤل: لماذا هذه الحوادث العنيفة والأخلاقية في ظل تربيتنا الدينية منذ الصف الأول ابتدائي لآخر مراحلنا الجامعية ؟ لماذا رغم هذا الكم الهائل من خطب الجمعة وآلاف المناشط الدعوية ومخيماتها؟!!صحيح نحن مثل غيرنا من المجتمعات الإنســـانية؛ فينا الصـــالح وفينا الطالح؛ ولكن رغم هذا المحيط المتدين لماذا بات السلبي أكثر ما نقرأه، والمفترض هو العكس !!؟

بصراحة؛ الأسئلة وكل ما سبق يرجعني إلى بداية المقال؛ هناك نقص في كيفية تغذية الجانب المهم في حياتنا وهو الجانب النفســي؛ إننا نتجاهله، فحياتنا تخلو من وسـائل ترفيهية تشعرنا نفسيا بالسعادة والإشباع المطمئن، فكل

171

وسائلنا الترفيهية مع الأسف تركز على أحد اثنين فقط، إما الجانب الروحاني، فنرى مئات الفعاليات الدعوية، وإما الجانب الجسدي فنرى كل يوم مولات كبرى مجهزة بكافة المطاعم والمقاهي، حتى حين نخرج لنزهة عائلية ليس لدينا سوى البر أو البحر وسلة مليئة بالأطعمة والحلويات، فيما يلجأ آخرون إلى تعدد الزوجات أو العلاقات العبثية، والتي ازدادت مع وجودنا في العالم الافتراضي العنكبوتي وهو الآخر يدفعنا إليه الفراغ النفسي، ويبقى تجاهل الجانب النفسي اجتماعيا ضمن وسائل الترفيه البريئة للكبار، في ظل شح الفعاليات الترفيهية والرياضية المتنوعة إلا في المواسم وفي أيام معدودة من السنة، أو اللجوء للسفر صيفا وهو ليس متوفرا للجميع كما أنه من وسائل الإشباع النفسي الوقتية، وكثيرون يسيئون التصرف فيه لأنه كذلك.

وهكذا، لا يجد الجانب النفسي سبيلا لتغذيته سوى أحد أمرين، إما عن طريق التطرف في إشباع المكون الجسدي وهو الغالب علينا الآن، فقد تحول الأكل لدى أكثرنا إلى وسيلة للترفيه لا وسيلة للعيش تصاحب مناسباتنا الاجتماعية والترفيهية، فلا نستغرب تفشي أمراض السكر والسمنة وارتفاع ضغط الدم، أما الأمر الثاني فخلال التطرف في إشباع الجانب الروحي، حيث تتحول العلاقة الروحانية بين الفرد وبين الله تعالى إلى قضية نضالية لفرضها على الآخرين، وانتصاره في تسليط الضوء عليه يشعره بالزهو ويشبعه نفسيا، لكن نضاله هذا قد يدخله

دائرة الغلو والتعصب الديني، وربما هو ما دفع بعض الشباب المتحمسين والبالغين إلى تبني الفكر المتطرف الإرهابي، خاصة وأن أكثر من قبض عليهم ضمن الخلايا الإرهابية هم من مستويات تعليمية عليا ولا يعانون من بطالة لكنهم حتما يعانون من فراغ نفسي أوقعهم في وهم القضية النضالية التي أشبعتهم بما ليس في صالح أمن المجتمع.

أخيرا؛ من المهم جدا أن يتجه المجتمع للاهتمام بوسائل الترفيه البريئة التي تشبع الأفراد نفسيا بشعور الرضا، وتعلمها الرقي بإحساسها، وتؤدي بها إلى علاقة متوازنة مع بقية مكونات الجسد الإنساني، نحن بحاجة لذلك لكي نقضي على سلبياتنا، ولن يكون إلا خلال الفنون الجميلة عبر إقامة متاحف متنوعة، وأيضا تفعيل النشاط السينمائي والمسرحي والموسيقي بجانب إتاحة الفرصة لإقامة فعاليات سياحية داخلية ذات مضامين ترفيهية عائلية ورياضية تدفع بالأفراد والأسر بالتالي المجتمع إلى صحة نفسية متوازنة.

عينُ الحلم تغفو في جفنٍ ليلٍ ساهرٍ..

كما الماء..

تتطلب تحديات الحياة وصعوباتها وهمومها مواجهتها بالُحلم مع الحِلم فلا يمكن تجميد الحياة عند حدود نقطة هاربة؛ نحتاج لشيء من المرونة نمضغه كدواء مرّ مع شَربة ماء، أحيانا يحتاج الواحد منّا أن يعرف أنه كما هذا الماء، نتوهمه أنه لا يتحرك ثابت وهو في حراك مستمر لا يهدأ، هذا الإنسان باعتباره فرداً هو لبنة ضمن منظومة المجتمعات ودولها أمام الآخرين ثابت، قوي، لا تبدو عليه علامات التعب والألم والصراع إلا أن ظاهره ليس كما باطنه، إنه مليء بحراك فكري ونفسي وصراع واقع واحتياجات مع رغبات وأحلام، وقد يتوهم بعضنا أننا ثابتون، وحين تتقدم السنوات ندرك أن كل خلايا هذا الجسد كانت غير ثابتة، وتشيخ دون أن نستعد لها !! فما لم نؤمن أننا نتغير، فلن نواجه الشيخوخة إلا بالموت ! والعجيب أن وزن الإنسان كما يُقال يتكون من 60 % ماء!! نحن إذن حتى وإن رغبنا بالجمود، فإننا لن نتجمد!! إلا في فريزر تصل درجة الحرارة فيها إلى تحت الصفر! أيمكن أن يكون ذلك! فالكون والجغرافيا والتاريخ والسياسة والاقتصاد وكل شيء كما الماء تماما الذي جعل الله تعالى منه كل شيء حيا، لأن الحراك هو الحياة والتغيير أس كل شيء!

حتى الورقة البيضاء داخل كتاب مسطور بكلمات رضينا بها رقابيا أو لا تتحرك رغم جُمودها في مكتبة مهجورة! ألا ترى أنها تصفر مع الوقت! هي لم تصفر لأنها ثابتة بل لأنها في حراك زمني اتجه بها من الطفولة إلى شيخوخة الصُفرة!

المدهش أن في الماء ينكسر الضوء فلما لا نكسر الضوء داخلنا ونحلق باتجاه النور!؟ يبدو أن الإنسان حين قرر الخروج من الكهف أبى إلا أن يخترع ما يجعل عينيه في حماية من هذا الضوء! لهذا اخترعوا النظارة الشمسية فيما يبدو.. طبعا اخترعها من خرج من الكهف لمواجهة لسعة الضوء !!! أتساءل: أ نحن كائنات حية حقا ما دمنا نشرب الماء الذي لا يسكن لحظة ؟! فلماذا كل شيء ساكن في الوطن العربي رغم حراك هذا الإنسان الثائر داخله ؟! لما لا تدفعنا الحياة للخروج من كهف المخاوف والظنون ونحلق باتجاه الضوء، لكن أين نحلق!؟ كل شيء حولنا بات مُلكا للآخرين!! بعضنا لا يملك سوى الهواء المحيط به، فيما ظلّ يأبى إلا أن يلاحقنا ليل نهار، ولا يتخلى عنّا إلا حين نغوص في الأرض!! الأفكار نفسها باتت مُلكا للآخرين حين سجنّا بعضنا داخل "شرنقة" كلمة "صه.. وإلا.."!! حتى الابتسامة أحيانا كثيرة أشعر أنها ملك للآخرين وليست لي ولا تتزحزح إلا حين أكون أمام المرآة.. حينها أشعر أنها ملكي! مهما يكن؛ فكما الماء هي الحياة، لأنه هو الحياة، ولهذا أعتقد أن الشيء الوحيد الثابت هو التغيير. أتتفقون معي؟!

ما دامت الأيام تتنبض.. فالأمل لن ينضب

أيام.. كرائحة ميناء قديم

"يا أنا يا أنا يا أنا ويّاك صرنا القصص الغريبة
يا أنا يا أنا ويّاك وانسرقت ما كتيبي"

لا أجمل من أن أرتشف قهوتي صباحا حين أهم بقراءة الصحف، خاصة أنني من الكائنات الصباحية بامتياز، وأستمتع بصوت فيروز الصافي وهي تغني بعذوبة، وفي أحيان كثيرة تأخذني للأيام الحلوة التي مرت سريعا من هنا، ففي حياة كل منا أيام حلوة، لكن مشاغلنا ونهاراتنا العملية المليئة بالأسماء والمسؤوليات تجبرنا أن نمضي عنها بمضض ونتركها خلفنا دون قصد، حتى تأتي لحظة الصحو، وقد تطول أو تقصر، لنسترد ما سلبته أعباء حياتنا بمتعة وكأنها ومضة تغمز لك سريعا في ليل مكحل بالسواد.

ربما لحظتها تتذكرون مثلي تلك الصور التي التقطتها كاميرات زمان، وما أدراك بكاميرات زمان التي كان يضيء فلاشها لحظة، ثم ننتظر لحظة أخرى حتى تخرج لك الصورة الفورية، وتحركها بيدك في الهواء كي تجف، ثم تستمتع بمشاهدة طلتك البهية مع خلفية بيوت زمان وجدرانها الملونة، حتما كثيرون منكم سيفعل مثلي

179

ويضحك كما ضحكت حين شاهدت صورة قديمة لي وأنا دون السابعة"متشعبطة" على شجرة، منكوشة الشعر، و أبتسم ابتسامة واسعة بنصف أسناني اللبنية.. ياااه.. ع الأيام حلوة.

تلك الصور تحمل حكاياتنا القديمة التي نسيناها في زحمة الأيام، لكنها تبقى أياماً من تاريخنا حتى وإن كانت مؤلمة وجائعة وباردة، إلا أننا حين نستعيدها كشريط سينمائي بطله أنت والذكريات، كالطفولة بشقاوتها وهفواتها، ومقالب أخوتنا الكبار حين تذهب فيها ضحية بعلقة ساخنة بالخيزران، أو تلك التي تبتسم وأنت تستردها حين تتذكر تقاسمك مع أخوتك وأمك وأبيك وجدتك وجدك طبق الفول الواحد الصغير صـــباحا قبل أن يكبر من يكبر منهم؛ ويتزوج من يتزوج، لتصــبح وحيدا مع ذلك الطبق، فيما تأخذنا ذكريات المراهقة بعيدا مع أصدقاء الدراسة والحارة ممن كبرنا معهم، وكبرت حكاياتنا وقصـــصـــن حبنا وأسرارنا الصغيرة وأغنيات أحببناها، ثم تأبى السنون إلا أن تمضـي، وتأتي طموحاتنا وأسفارنا وظروفنا وتضـعنا أمـام مفترق الطرق، للحلم طعم التوت، وللذكرى رائحة تشبه رائحة ميناء قديم، تقف عليه لحظة وكأنك تنتظر لقاء بعيدا أو ســـفرا طويلا، وتتذكر أنك كنت من القصـــص الغريبة وتتمنى الاختباء ضــمن أوراقها المصـفرة، كما تغني فيروز :

"يا أنا يا أنا هرب الصيف عناقيد الزينة
وإذا ضيعني الهوى شي صيف بقلبك بتلاقيني
وخبيني ولا تخبيني
وخبيني ولا تخبيني"

أحيانا كثيرة .. يكون الصمت أكثر فصاحة من الكلام

الصمتُ.. عبادة !

هل فكرنا مرة أن نتعبد بـ"الصمتِ" قليلا!؟ نصوم عن الكلام سعيا للتقرب بذلك إلى الله تعالى!؟ قد يستغرب بعضهم؛ كيف نتعبد بالصمت؛ أ يكون وسيلة للتقرب من الله تعالى!؟

هؤلاء ممن يتساءلون ينسون أن الصوم عن الكلام نوع من العبادة، وينسون ما ترتله ألسنتهم في القرآن الكريم من أن السيدة العذراء مريم ـ عليها السلام ـ صامت عن الكلام بأمر إلهي كنذر:﴿فَكُلِي وَٱشْرَبِي وَقَرِّي عَيْنًا فَإِمَّا تَرَيِنَّ مِنَ ٱلْبَشَرِ أَحَدًا فَقُولِي إِنِّي نَذَرْتُ لِلرَّحْمَٰنِ صَوْمًا فَلَنْ أُكَلِّمَ ٱلْيَوْمَ إِنسِيًّا﴾؛ فصمتها عبادة وإلا لِمّ جاء تصنيف الصوم كنذر للرحمن في تبرير عدم حديثها مع قومها؛ وما كان ذلك إلا رحمة من الله تعالى بها لصرفها عن مواجهة قومها كما نعلم من القصة؛ والنذر نوع من التعبد نتقرب به إلى الخالق عزّ وجل، وكذلك فعل زكريا ـ عليه السلام ـ حين بشرته الملائكة بغلام وقد بلغ من الكبر وامرأته عاقر فقال: ﴿قَالَ رَبِّ ٱجْعَل لِّي ءَايَةً قَالَ ءَايَتُكَ أَلَّا تُكَلِّمَ ٱلنَّاسَ ثَلَٰثَةَ أَيَّامٍ إِلَّا رَمْزًا وَٱذْكُر رَّبَّكَ كَثِيرًا وَسَبِّحْ بِٱلْعَشِيِّ وَٱلْإِبْكَٰرِ﴾؛ وسواء كان عدم كلام زكريا مع قومه علامة طلبها هو ليصدق البشارة

183

أو كان عقابا له كونه لم يصدق الملائكة بما بشرته متناسيا قدرة الله على جعل ما يريده بكن فيكون؛ فعاقبه أن عجز عن الكلام ثلاثة أيام إلا رمزا؛ لكن صوم زكريا كان عبادة؛ سواء في الأولى كشكر لله تعالى على البشارة أو استغفار وتوبة عن عدم تصديقه البشارة في الثانية.

لستُ أحاول هنا إلا تأمل الصمت ذاته، أو الصوم عن الكلام حين نتعبد به؛ وكيف لا !؟ وهو يسعى بالعقل إلى التأمل، والتفكر إلى الفهم، وبهما يحصل الوعي، إنك تعجز عن التفكير وأنت تتحدث، وكثيرون يندمون على أحاديث قالوها ؛ وتزل بها ألسنتهم، وإلا كيف سيكون أكثر الناس في جهنم إلا لحصاد ألسنتهم، إنك تصوم عن الكلام كي تنصت جيدا للآخرين، تنصت حتى تقترب من طبيعة تلك الأشياء الصغيرة الهامشية التي تحيط بك، تنصت جيدا لمشاعر الآخرين وأحزانهم وأفراحهم وحتى أفكارهم السوداء.. إنك تُنصت للسماء.. للحجر.. للوردة.. للتفاحة.. للقطة.. حتى تلك الذبابة التي تطير فوق رأسك أو النملة التي تمشي بين مفرق قدميك.. وقد تنصت لانسكاب الماء في كأسك.. ولأوراق الشجر وهو يتبادل حوارا مع الهواء .. كل ذلك تدركه حين تصوم عن الكلام، وهكذا تتدبر وجودها وكيانها، تقترب من فهم ماهيتها وأهميتها، ثم تفضي بك إلى الأسئلة والأسئلة إلى أجوبة، وتُلح الأجوبة على مزيد من الأسئلة وتنتهي بك كلها إليه سبحانه وتعالى، وترتقي تلك الروح بشفافية، فيرى القلب ما لا تراه العين، ويدرك العقل ما لا تتسع له الأرض، وتلمس بيديك زرقة السماء،

فتتواضع أكثر، وتؤمن أكثر، وتصمت أكثر فأكثر تعبدا وسلاما.

فتتواضع أكثر، وتؤمن أكثر، وتصمت أكثر فأكثر تعبدا وسلاما.

كم يا ترى تحمل نسمات الهواء التي تمرُّ بنا من حكاياتنا وأسرارنا!؟

أتعرفون واحداً اسمه "مستحيل" !؟

ذات مرة التقى "ممكن" في طريقه بـ"مستحيل" فسأله: "
أين تقيم يا مستحيل؟! " فأجابه مبتسما "في أحلام العاجز "
حكاية حكيمة مأثورة عن الشـاعر الهنـدي الإنسـاني
"طاغور"، ما أود قوله، أنّ المسـتحيل ما هو إلا الوهم
الذي يتغذى على مرض الوسوسـة حين يخلقه الفراغ في
حياتنا؛ ودائما ما يسـكن في عقول العاجزين الذين يبحثون
عن أسـباب الفشـل قبل المحاولات، وربما توقفت لديهم
عجلة المحاولة عند بوابة الفشـل الأولى، وربما أيضا عند
اللاشـيء، فهو لم يتعب نفسـه عملا أو دراسـة ليصل لهدفه
أو حلمه، وذلك لأنه صـدق فشـله قبل المحاولة وأن هدفه
"مسـتحيل" !! وكثيرون بيننا يصـدقون هذا الوهم، بل
يُحولون الوهم إلى كائن حي له جسـد هلامي، وينبتون منه
أيديـاً وأرجلا لكنـه بلا رأس، بلا ملامح، بلا عقـل! فلا
يتحرك للأمام خطوة واحدة!!
الموسـيقار (بتهوفن) مثلا لو اسـتسـلم لإعاقته بالصـمم
وصـادف هذا المدعو "مسـتحيل" في طريقه، لما أخرج
للعالم أعظم معزوفاته الموسـيقية العالمية التي لم يسـمعها
هو، ولو اسـتسـلم (توماس إديسـون) لذاكرته المتعبة
والضعيفة وصدق يأس مدرسيه في المدرسة منه في حفظ
دروسـه حتى اعتبروه من الفاشـلين، لما سـجل باسـمه

(1200) براءة اختراع، أبرزها المصباح الكهربائي وآلة التصوير السينمائية، وجهاز لاقط للراديو، بل والأنبوب الإلكتروني الذي تقوم عليه مبادئ الإذاعة اللاسلكية والتلفون على مسافات بعيدة والسينما وأشعة اكس وغيرها.

وأيضا (هيلين كيلر) المؤلفة الأمريكية العمياء والصماء التي باتت من أشهر الكاتبات العالميات، ولماذا نذهب بعيدا، فلدينا الكاتب الصحافي عمار بوقس الذي تحدى شلل أطرافه جميعها وليس له منها سوى لسان وعينين، ليتفوق بهما في جميع مراحله الدراسية وحتى الجامعة وواجه الكثير من الصعوبات ليس في دراسة التخصص الذي يحبه وهو الإعلام ويتخرج منه متفوقا بل نابغا، ولكن كي يقنع الآخرين بأنه قادر على النجاح وأنه لا يؤمن بالمستحيل وسيحقق ما اعتبره الآخرون مستحيلا؛ وها هو اليوم كاتب وإعلامي له حضوره؛ ومثل بوقس بيننا كثيرون جدا، ممن تجاهلوا "وهم" الآخرين لهم بالمستحيل.

حتما إنّ في حياتنا جميعا محطات فشل، ولكني أعتبرها محطات للتزود بالطاقة وإعادة الشحن من أجل المواصلة للنجاح؛ فلولا الفشل لما كان للنجاح طعم؛ وهذا الكائن البسيط "حليمة" مرت بالعديد من التجارب الصعبة؛ والتحديات التي حاولت أن تخيفني، وتثنيني عن مواجهتها، وربما تُرغمني للعودة إلى الوراء والاستسلام، لكني أحمد

الله تعالى أنه جاوزني إياها؛ وسـدد خطواتي لما بعدها؛ وربما قد أخبركم عن شيء من سيرتي "التحفة يوما" ولكن خلوها بيني وبينكم دون "لقافة" واحد "اسـمه مسـتحيل" المهم أني أبدا، لم أكن مؤمنة بأن هناك كائن اسمه مستحيل سـأصـادفه في طريقي؛ يصـنعه الوهم الذي كثيرا ما يخلقه الآخرون في رؤوسـنا وعواطفنا، وما دامت هناك إرادة وعزيمة فهما مخولتان لأن تمدان أيّاً منّا بالطاقة الإيجابية التي تؤدي بنا إلى العمل وتحقيق أهدافنا التي نسـجتها طموحـاتنـا، هذا الطموح الذي تغذيه الأحلام والأحلام بدورها نسـتمدها من حبنا للحياة، هكذا عبر هذه السـلسـلة نصنع ما يعتبره الآخرون مستحيلا.

أخيرا؛ مـا أود قولـه؛ لا مسـتحيل أبدا مـا دامت الحياة مستمرة، والمستحيل الوحيد لدينا الذي نعجز أمام حصوله هو الموت، فقط لأنه ضـد الحياة ونهايتها، فأحبوا الحياة وعيشوا أحلامكم.

الرجل يخافُ دوما الارتباط بالذكيّة .. ففضلت المرأة التغابي حتى صدقت غباءها وسمحت له باختطاف حقوقها واستضعاف أنوثتها!

الفهرس

191

الكاتبة في سطور

حلـيمـة عبد القادر مُظفَّر

- أديبة وكاتبة صحافية سعودية.
- حاصلة على درجة الماجستير في الأدب والنقد (الدراما والمسرح)، جامعة الملك عبد العزيز بجدة.
- عملت في الصحافة والتلفزيون.
- لها مشاركات ثقافية وأدبية محلية ودولية.
- شاركت في "الحوار الوطني" عدة مرات.
- كتبت العديد من المقالات في الصحف والمجلات المحلية والعربية.

مؤلفتها :

- كتاب (عندما يبكي القمر) نصوص وجدانية 2003م
- كتاب (هذيان) نصوص 2005م
- كتاب (المسرح السعودي بين البناء والتوجس) 2009م
- كتاب (حبّة عنب) نصوص 2011م.
- كتبت القسم المخصص لـ (المسرح) في كتاب بعنوان (أنطولوجيا الأدب السعودي) المكون من ثلاث أجزاء؛ 2011م
- كتاب (ما وراء الوجوه) الجزء الأول عام 2013م
- كتاب (ما وراء الوجوه) الجزء الثاني عام 2015م
- كتاب (رجال منقبون.. نساء سافرات) عام 2015م

بريد إلكتروني	halimamuthffar@gmail.com
تويتر	@halimamuthffar
انستقرام	@halimamuthffar

الإصدارات الرقمية للكاتبة